행돈력

HAPPY × (MONEY + POWER)

행돈력

| 은종씨 지음 |

'선근이 있다'는 얘기를 들어본 적이 있나요?

선근善根이란 마치 운동을 계속해 나가면 근육이 생기듯이 전생에 쌓아 놓은 좋은 것을 받아들일 수 있는 마음근육입니다. 운동을 해서 근육이 생기면 생길수록 근육이 더 잘 쌓이고 유지하기가 쉬운 것처럼 이 선근도 많이 쌓아 놓은 사람일수록 더 빨리 자신의 성장에 도움이 되는 좋은 말이나 글에 귀를 크게 엽니다. 생각해 보면 같은 말을 들어도 어떤 사람은 자신에게 대입해 성장을 하고, 어떤 사람은 상대를 평가하며 자신의 가치관이나 고정관념을 더 굳히며 고집을 피우는 데 사용합니다.

근육이 이미 만들어진 상태에서는 근육 만드는 운동이 쉬운 일상이겠지만, 이 근육이 만들어지기까지 꾸준히 운동을 일상으로 만드는 데까지는 너무 힘이 드는 게 사실입니다. 대부분은 그 과정을 이기지 못하고 포기를 합니다. 선근을 만드는 것도 마찬가지여서 이 과정에서 포기한 사람들은 사주팔자를 제대로 읽을 수도 없으면서 사주팔자대로 살 수밖에 없다느니, 운명은 정해져 있다느니 하면서 불평, 변명, 세상 탓을 합니다.

선근을 만드는 데 가장 방해되는 장애물은, 누군가에게 좋은 말을 들을 때나 좋은 글을 읽거나 들을 때 내 자신을 보는 대신 상대를 평가하는 데 먼저 집중하는 마음습관입니다.

상대에 대한 판단 없이 좋은 것만 받아들이는 법을 배울 수 있다면 우리는 세상 모든 것에서 배울 수 있고 엄청난 이득을 얻을 수 있습니다. 웨인 다이어 박사가 말한 진정한 '행복한 이기주의자'란 이런 사람을 말하는 겁니다.

처음 돈 공부를 시작할 때 어디서부터 어떻게 시작해야 할지 참 막막했던 생각이 납니다. 수많은 훌륭한 경제학자들과 그들이 쓴 훌륭한 책들을 수집해 보았지만, 막상 돈에 대해 걸음마 수준도 안 되는 내게는 별 도움이 되지 않았습니다.

정작 실질적으로 도움이 된 건 가장 쉬운 말로 써진 일본 작가의 책들과 자신도 배워가는 단계에 있어 내 맘을 이해해 주는 듯한 재미있고 친절한 친구 같은 스승이었습니다. 내가 성장하고 있다는 걸 느낀 건 그들에 대한 판단 없이 나처럼 부족한 모습에 오히려 재미를 느끼고 공감하며 작고 보잘 것없는 지식을 내 것으로 흡수해 가면서부터였습니다.

그렇게 배움을 쌓아왔기에 시작하는 어려움을 누구보다 공감했고 네이버밴드를 시작하며 '은총씨의 아침편지'를 쓰기 시작한 것도 그런 막막한 마음에 조금 앞서가지만 희미하게 뒷모습을 따라갈 수 있는 친구가 되어주고 싶어서였습니다.

그리고 시시때때로 숨이 턱까지 차오르게 힘들어서 '내가 과연 할 수 있을까?' 하는 의문이 떠오르는 그 마음에, 마치 산에 오르면서 너무 힘들 때 '조금만 가면 돼요' 하는 한마디에 힘이 나듯 조금만 힘내면 생각만큼 멀지 않다고 하는 응원의 말을 해주고 싶어서였습니다.

이 책을 쓴 이유도 비슷합니다. 나 같은 사람이 할 수 있다면 누구라도 할 수 있다는 용기를 심어주고 싶었습니다. 돈이라면 쓰는 방법밖에 몰랐던 철없던 이 여자에게 신은 부모님의 파산으로 빚더미에 앉게 하고 사랑하는 이를 떠나게 하고 철저히 혼자되게 해서 스스로 일어서고 책임을 지고 돈을 벌고 세상에 우뚝 서는 법을 가르치려 했다는, 이젠 알게 된 이 깨달음을 지금 힘든 과정을 지나며 허우적거리고 있는 누군가에게 들려주고 싶었습니다. 죽을 것 같은 그 어려움이 지나고 나면 배움이 되어 내 인생의 든든한 무기가 된다는 걸 말해주고 싶었습니다. 전문가가 아니라도 자신의 방식으로 투자를 배우고 나름대로 이 시장에서 작은 승리를 이어갈 수 있다는 이야기를 전해주고 싶었습니다.

아무리 '별일 없기를…' '무사하기를' 하고 빌어봤자 매일 별일은 생기고 그 일들의 주인이 되는 법을 배우지 않으면 무사하지 않을 겁니다. 막상 어디서부터 무엇을 해야 할지도 막막하겠지만 일단 무엇이든 시작해 하루 1분, 5분이라도 이어만 나가는 걸로 시작하면 됩니다. 오늘 이 한 권의 책으로 은총씨의 손을 잡아보세요. 일단 시작을 하면 신기하게도 다음엔 무엇을 해야 할지가 내 앞에 자꾸 나타나게 됩니다. 그리고 도저히 안 될 것 같은 것들이 생각보다 빨리 내 눈앞에서 이루어지는 걸 목격하실 겁니다.

저를 믿어보세요. 자신이 이 생에서 어디까지 닿을 수 있는지 조금은 궁금해지셨다면 말입니다.

이젠 봄 앞에 서서
은총씨가

차례

Part 2

부를 얻는 건 삶을 배워 나가는 과정이다

PART 1

당신이
믿고 있는
모든 것을
의심하라

대대로 가난을
전공하고 있었다니!

가난하거나 부자인 것은 타고나는 걸까요?

만약 부모님이 평범하거나 가난하게 살아오셨고 생각해 봐도 주위에 부자라고 할 만한 가까운 사람이 없다면, 여러분은 중산층이나 가난에 대해 정통한 기술자일 가능성이 높습니다.

왜냐하면 부자나 가난이나 그럭저럭 사는 중산층이나 부모 세대에서 또 그 부모의 부모 세대에서 계속 그렇게 살도록 연습하고 또 연습한 결과로 그렇게 사는 걸 제일 잘하게 된 것뿐이니까요. 운명으로 정해진 게 아닌데 대부분 너무 오래 그런 방식으로 사는 연습을 하다 보니 그렇게 사는 방식밖에 몰라 '이게 내 팔잔가' 하며 받아들인 것이기 때문입니다.

은총씨는 가까운 사람들의 사주 봐주는 걸 좋아하는데, 그의 사주와 부모의 사주를 같이 보면 사주의 글자 중 같은 운명을 반복하는 글자가 있는 걸 보고 소름이 돋곤 했답니다. 그런 것처럼 우리가 운명에 대해 새로운 시각을 갖고, 새로운 것에 눈과 귀와 마음을 열고, 새로운 시도를 하고, 각고의 노력을 하지 않는 한 큰 줄기가 부모에게서 오는 것은 막을 수 없는 게 사실입니다.

하지만 반대로 이제 부자로 전공을 바꿔서 공부를 시작할 결심을 하고 연습을 시작한다면 분명 이 운명의 물줄기도 방향을 바꿀 준비를 시작할 겁니다. 은총씨가 몇 년째 춤추러 다니면서 엉덩이를 하도 흔들다 보니 엉덩이 전문이 된 것처럼 말입니다. 처음 춤추러 가서 로봇 같은 뻣뻣한 엉덩이를 으득으득 뼈 소리까지 내며 힘겹게 흔들던 생각을 하면 뭐든 연습에 연습을 하면 안 되는 게 없다는 생각이 듭니다.

가난을 전공한 가난 기술자에서 부자 기술자로 거듭난 자수성가한 부자들은 팔자나 운명을 탓하고 그 안에 안주하는 대신 그런 삶에 대해 끊임없이 의문을 품었다고 합니다. 그러다 이 사실을 깨닫고 다른 방법을 찾고 부자들을 가까이하고 그들을 벤치마킹하며 부자 연습을 시작했다고 합니다.

우리가 한 번도 운전을 배운 적이 없으면 운전 못 하는 게 당연하지만, 운전학원에 등록하고 운전을 배우고 연습할수록 운전 실력은 좋아집니다. 그래서 한 10년쯤 운전을 하면 대부분의 상황에 거의 무의식적으로 잘 대처하고 운전에 능통하게 되죠.

부자가 되는 것도 마찬가지입니다. 처음엔 서툴러서 잦은 실패를 하고 사기를 당하고 엉뚱한 곳에 돈을 갖다 버리기도 하지만 그런 경험이 쌓이고 쌓여 점점 부자 전공이 자연스럽게 몸에 붙은 자신을 만날 수 있게 됩니다.

투자 공부를 처음 하던 시절의 은총씨도 마찬가지였습니다. 엉뚱한 곳에 돈을 날리고 엉뚱한 사람의 조언을 듣느라 시간과 돈을 낭비하고, 이상한 기업을 동반자로 삼고… 아주 서툴기가 어이없을 정도였답니다.

한 번은 투자하는 친구가 자꾸 경제 얘기를 하는 게 짜증나 빈정거리다 싸움까지 했죠. 그뿐만 아니라 처음 경제신문을 읽을 땐 까만 건 글씨고 흰 건 종이구나 할 정도로 낫 놓고 기역 자도 모르는 까막눈이라 대충 계산을 해보아도 잘하는 건 고사하고 할 줄 아는 수준까지만 가려고 해도 최소한 100년은 걸릴 거 같았습니다. 그래서 처음엔 매일매일 포기라는 두 글자를 꺼내놓고 고민하기도 했지만, 그저 세상을 조금씩 알아간다는 사실이 신기해 계산을 내려놓고 즐기다 정신을 차려보니 계산으로는 도저히 안 될 것 같던 턱없이 짧은 시간에 투자자라 할 만한 수준에 와 있는 걸 보며 스스로도 한 번씩 깜짝깜짝 놀래곤 합니다.

나 같은 사람이 할 수 있다면 누구든 마음만 먹고 시작해 포기만 하지 않는다면 해낼 수 있지 않을까요? 지금 부자로의 첫걸음을 내디뎌 자꾸 넘어져 포기하고만 싶다면 분명 그 작은 하나하나의 사건들이 나를 가로막는 장애물이 아니라 나를 잠깐 멈춰서 새로운 시각으로 보게 하는 디딤돌이 될 테니 걱정 말고 다시 일어서 한 걸음을 걸어보세요.

은총씨는 그럴 때마다 밥 아저씨의 이 말을 떠올린답니다.

"We don't make mistakes. We have happy accidents."
(우리는 실수를 한 게 아니랍니다. 행복한 사고를 만난 거예요.)

내가 알고 있는 건 진실일까

은총씨의 최애 프로그램 중에 문제가 있는 아이들과 지옥 같은 결혼생활을 하는 사람들이 나와 자신들이 반복하던 문제들을 객관적으로 바라보고 해결해 가는 프로그램이 있습니다.

새끼도 없으면서 뭘 그런 걸 보느냐고요? 아이들을 잘 키우거나 시간 때우려고 보는 건 아니구요. 간접경험을 하면서 사람이라는 것에 대해 더 많은 걸 알게 되고, 갖가지 상황들에 감정이입을 하면서 내 자신을 더 깊이 들여다보고 생각하게 해주기 때문입니다. 가지각색의 문제들에 빠져 허우적거리는 이들을 보면서 어린 시절로 돌아가 결핍이나 아픔도 보고, 엄마나 아빠의 심정이 되어보기도 하고, 여러 가지이지만 비슷한 각각의 문제에 대해 잘못 바라보고 있는 자신을 발견하기도 하면서 삶을 여러 각도로 바라보게 됩니다.

특히나 박사님이 진실을 콕 집어서 족집게 과외를 해주실

땐 문제나 자신을 객관적으로 볼 수 있게 돼서 나 자신이 처한 크고 작은 상황들도 풀리는 시원한 경험을 하기도 합니다.

출연한 사람들은 자신의 방식이 효과가 없다는 것을 현실로 체험하면서도 자신이 믿고 살아왔던 신념을 고수하며 갈등을 반복하는 또 다른 우리이기도 합니다. 그들은 자신의 문제를 제대로 들여다보지 못하고 상대방 탓으로 돌리거나 덮어놓거나 회피하면서 자신이 겪고 있는 아픔이 자신의 탓이 아니라고 합니다. 효과 없는 고집과 피해의식에 사로잡혀 자신의 아픔만을 쳐다보다 자식들의 아픔이 커질 대로 커져 곪아 터지고 피가 철철 난 후에야 눈물을 쏟아냅니다. 자신이 억지로 붙잡고 있던, 여태껏 믿어왔던 것들에 의문을 품게 되고 그제야 있는 그대로 문제를 바라볼 수밖에 없게 됩니다.

얼심히 일하는데도 돈이 없다고 하는 사람들도 상황 탓을 하거나 남 탓을 하기 바쁩니다. 그래야 자신이 믿어왔던 것들을 지킬 수 있고 그편이 안전하다는 느낌을 받기 때문입니다. 효과가 없는 걸 느끼고는 있지만 다른 어떤 방법도 시도해 본 적이 없기에 이제 와, 이 나이에, 하필 이때 새로운 시도를 하기에는 너무나 번거롭고 두려워서 선뜻 시도해 볼 엄두조차

내지 못하고 아예 그쪽으로는 쳐다본 적도 없는 경우도 많습니다.

물만 먹어도 살찐다는 사람들에게 막상 하루 종일 먹은 걸 적어보라고 하면 살찔 만큼 먹는 자신을 발견하고 스스로 놀란다는 얘기를 피트니스센터를 운영하는 친구에게 듣고 까르르 웃었던 기억이 납니다.

비싼 물건을 사거나 사치를 안 하는데도 돈이 없다는 사람들도 막상 카드내역서나 돈을 쓰는 패턴을 보면 쓸데없는 곳에 집착하며 돈을 쓰는 자신을 발견하게 됩니다. 그러다 빚을 지고 빚에 대한 책임을 서로에게 떠넘기려 하면서 온갖 변명으로 일관하며 자신의 눈을 스스로 가려버립니다.

지옥처럼 보이는 결혼생활 같은 프로그램 안에서의 상황들은 좀 극단적인 경우들이긴 하지만 돈에 살짝 쪼들리는, 평범히 살아가는 사람들이 안고 있는 문제이기도 합니다. 남에게 예쁘게 보이고 싶다는 욕망으로 돈이 없다면서 일 년에 몇 번 입지 않는 비싼 옷을 덜컥 사기도 하고, 늙어 보인다는 한마디 말에 꽂혀 수십만 원 수백만 원을 피부과에서 할부로 결제하기도 합니다. 있어 보이려고 할부로 비싼 차를 구입해 그걸 갚느라고 빚에 허덕이기도 하고, 아이 사교육비에 수백 수천을 쓰느라 부부 갈등을 키워가기도 합니다.

투자해서 돈을 잃었다고 떠들고 다니는 사람들은 '지금 경제가 그렇다' '나라정책 때문이다' '금리가 오르면서' '전염병이 와서' '시장이 엉망이다' 하면서 자신의 돈을 지키는 데 소홀했던 자신을 그 속에 감추어 버립니다. 그런 신기루 같은 욕망에 집착하며 잘못된 소비와 투자를 이어가는 자신을 발견하지 못한 채 자꾸 그럴 수밖에 없었다고 합리화하며 문제를 회피하고 상황 탓, 세상 탓, 상대방 탓으로 스스로의 눈을 가리고 자신을 변명하기에만 급급합니다.

더 이상 원인 모를 삶의 고통에 짓눌리지 않으려면 우리는 우리가 아는 것, 믿는 것이 진실이 아닐 수도 있다는 사실을 알아야 합니다. 우리가 잘 안다고 생각하는 자신이 진짜 자신이 아닐 수 있고, 자신이 이해하고 있는 문제들이 편협한 생각으로 한쪽 면만을 보고 있을 수 있다는 사실을 알아야 합니다.

돈이든 행복이든 무엇이든 아직 못 가졌다면 이 관문을 넘지 못해서입니다. 물론 현실을 있는 그대로 바라보려는 작업을 하기 시작할 때 오는 이 수많은 현타를 감당하고 인정하는 건 용기가 필요한 일입니다. 자신이 거짓말쟁이에, 낭비벽이 있는 가식덩어리에, 게으름뱅이, 공짜나 좋아하는 탐욕으로 가득 찬 사람이라는 걸 인정하는 건 너무나 수치스러운 일이기 때문입니다. 여태껏 남 탓, 세상 탓으로 돌리던 자신의 상황들이 오로지 자신의 탓이라는 걸 인정하는 일이란 가슴을 칼에 찔리는 것보다 더한 아픔을 수반하는 일입니다.

은총씨도 이런 현타를 처음 겪었을 때 자신이 너무 초라하게 느껴져 차라리 꺼져버리고 싶은 심정이었습니다. 과거 인생의 가장 밑바닥에 있을 때 처음으로 신앙을 갖게 되었는데 그때 매일 하던 일이 동네 성당의 성전을 찾아가 하느님께 따지는 일이었습니다. 내가 뭘 잘못했길래 빚을 떠안고 사람이 떠나고 몸도 아프냐고 울며불며 따지고 들었습니다. 그러던 어느 날 미사 강론에 귀머거리와 장님을 고쳐주시던 예수님의 이야기가 나왔는데, 문득 그 귀머거리와 장님이 나 자신이었다는 걸 깨달았고 그날 하루 종일 눈물이 빗물처럼 줄줄 흘러내렸습니다.

사람이 떠난 것도 빚을 떠안은 것도 몸이 아픈 것도 이런 깨달음을 얻기 위한 과정이라는 걸 알게 되었고, 그 모든 것들을 온전히 내 책임으로 받아들인 후 내 인생은 변화되기 시작했습니다.

진실을 마주하고 책임을 지는 일은 용기가 필요한 게 사실이지만 삶의 어떤 일보다도 가치가 있습니다. 가식과 변명, 남 탓과 세상 탓으로 쌓아 올린 모래성이 언제 어느 파도에 무너질까 노심초사하면서 사는 대신 단단한 바닥을 내 두 발로 짚으며 다시 시작하는 당당함을 가질 수 있기 때문입니다.

그 일을 우리는 함께 시작할 겁니다. 그 사실을 아는 순간 모든 문제 해결의 열쇠를 손에 쥐는 것과 같습니다. 그리고 이제 해야 할 일은 뭐가 있을지 모를 비밀의 문 앞에 서서 과감하고 당당하게 두려움과 마주하는 일입니다.

부자란

자신이 생각하는 부자의 모습을 한번 떠올려 봅시다. 부자라고 생각하는 모습은 어떤 건가요?

100억, 1,000억이 통장에 있는 것? 언제든 열대 섬에 가서 몇 달이고 휴가를 즐기는 것? 일 안 하고 매일매일 게으름을 피워도 되는 것?

만약 여러분이 목표를 세우고 노력하는데도 돈이 모이지 않는다면 잠시 멈춰서 그 목표가 진정 내가 원하는 건지를 살펴봐야 합니다. 무엇을 위해 그 돈을 가지고 싶은지 말입니다.

은총씨는 힘든 시절 어쩔 수 없이 돈 때문에 하기 싫은 일을 해야 하고, 남의 눈치를 봐야 하고, 내 자신이나 사랑하는 이가 아파도 할 수 있는 게 아무것도 없다는 게 견딜 수 없었습니다. 내게 부자란 통장에 돈을 꽂아놓고 띵까띵까 게으름을 피우는 게 아니라 돈 때문에 남의 비위를 맞추지 않아도 될 자유, 하고 싶은 일만을 하고 싶은 시간에 할 자유, 사랑하는 사람이 아프거나 도움이 필요할 때 도울 여유, 문득 가고 싶은 곳보고 싶은 사람에게 언제든 가서 함께 소중한 시간을 나눌 자유를 의미했습니다.

그런 간절한 나를 발견한 후에야 싫은 것도 견딜 힘, 때론 비위를 맞출 힘, 그 경제적·정신적·영적 자유를 위해 대가를 기꺼이 치를 용기도 생겼습니다.

대부분의 사람들은 부자로 사는 것 하면 같은 모습을 그립니다. 럭셔리한 집, 비싼 차, 비싼 옷과 장신구, 일 안 하고 노는 것…. 하지만 이런 것들이 여러분이 진정으로 원하는 것이 아니라 그냥 부자로 보이는 남들을 보며 부러워하는 막연한 바람이라면 어느 곳에도 닿지 못하거나 결국 포기하게 될 겁니다. 우리는 진정 자신이 원하는 것이 아닌 것에는 계속 헌신할 힘을 내지 못하니까요.

은총씨도 마찬가지로 돈이 너무 없을 때는 '내가 힘든 건 돈 때문이다' 하며 막연히 이 상황에서 벗어나려면 돈을 벌어 부자가 되어야겠다고만 생각했지, 어떤 모습의 부자로 어떻게 살고 싶은지 같은 건 생각해 보지 않았습니다. 그러다 보니 돈이 들어와도 나가도 삶이 고통스럽고 불안한 건 마찬가지였고, 가끔씩 왜 이러고 살아야 하나 가슴속이 뻥 뚫린 것 같은 마음이 되어 포기 앞에 서 있곤 했답니다.

　　우리 모두가 재벌이 되어야 하고 대단한 사람이 되어야 하는 건 아닙니다. 인생에는 정답이 없다고들 하지요. 각자가 느끼는 부와 행복의 모습이 모두 다르기에 내가 바라는 부의 모습이 어떤 거든 자신이 행복하고 풍요롭고 안전하다고 느끼면 그게 정답입니다. 산에서 자연과 벗 삼아 산사람으로 사는 게 행복하다면 적은 돈으로도 풍요를 누릴 수 있습니다. 큰돈을 벌고 싶다면 많은 사람의 문제를 해결하고 풍요를 나눠야 하는 대가를 치러야 하겠지만, 진정 많은 사람이 먹고살 수 있도록 돕고 이 사회에 기여하며 스스로와 다른 이를 성장시키려는 진정한 열망과 고귀한 정신을 가질 수 있습니다.

　　그것이 무엇이든 상관없습니다. 다만 스스로 진정으로 원하고 행복을 느끼는 거라면 우리는 내면에서 그에 대한 대가를 치를 힘과 열망을 끌어낼 수 있습니다. 그러니 오늘은 가만히 자신에게 물어보고 그려보세요. 자신이 진정 원하고 바라고 살고 싶은 부자의 모습은 어떤 건지를 말입니다. 그 모습을 구체적으로 그릴 수 있어야 스스로 그 방향으로 나아갈 이유를 찾을 수 있기에 이 작업은 너무도 중요합니다.

판단의 기준

눈앞에 돈은 보이지만 지금 좀 괴로운 것과 당장 돈은 안 되지만 마음 편한 것 중에 어떤 걸 선택하나요?

보통 사람들은 눈앞의 이득을 위해 나의 불편함을 감수하는 선택을 합니다. 투자시장에서도 많은 사람들이 눈앞의 이익에 눈이 멀어 확신도 없는 기업이나 사람에게 소중한 돈을 맡겨놓고 자신의 행복이나 마음의 평화를 하루하루 주식이 오르고 내리고 하는 것에 저당 잡히고 있습니다.

사실 맨손으로 시작해 큰돈을 벌고 굴리는 사람들은 철저히 자신의 행복만을 좇는 이기주의자인 경우가 많습니다. 몇 천억이라는 큰돈을 굴리는 한 선배는 지금까지 번 돈을 다 잃는다고 해도 두렵지 않다고 했습니다. 그는 돈이 아니라 꿈을 좇아 이 자리에 왔고, 그에게 돈은 그 결과 중 하나를 의미하기에 다 잃어도 다시 이 자리에 오는 법을 알고 있다고 했죠. 만

HAPPY × (MONEY + POWER)

약 자신이 닿고자 하는 꿈이 아니라 당장 눈앞의 이익만을 얻으려는 판단으로 선택을 했다면 지금 그 자리에 자신은 없었을 거라고 했습니다.

투자를 시작했을 때 은총씨도 워런 버핏 같은 멋진 투자자가 되어야겠다는 꿈을 꾸었습니다. 누구보다 성공했지만 자신이 투자하고 있는 햄버거 가게에서 어린아이처럼 순수한 얼굴로 햄버거와 콜라를 즐기고, 끊임없이 배우고, 낮은 곳에 늘 손을 내미는 그가 내 눈에는 너무도 멋져 보였습니다.

처음엔 턱도 없이 적은 금액으로 투자 연습을 시작했지만, 생각만은 스스로 투자자라 여겼기에 눈앞의 이익이나 공짜 욕심을 내지 않을 수 있었고, 그런 자부심이 이런 험한 투자시장에서 계속해 나갈 힘이 되어주었습니다. 나는 투기꾼이 아니라 투자자로 살 거라고 결심했기 때문에 조급하게 아무 곳이나 돈을 넣고 불안해할 필요가 없었습니다.

지금도 나는 투자에서 욕심을 버리고 천천히 스스로 만든 길을 내 페이스대로 가는 것, 매 순간 나를 지키고 인내와 절제라는 친구들을 키워가는 것을 가장 중요한 판단의 기준으로 삼고 지켜나가려고 합니다. 또한 아무리 큰 수익이 있다고 누군가 귀띔을 해줘도 내가 모르는 곳에는 투자를 하지 않습니다.

아무리 친한 누군가가 확실하다고 해도 내 스스로 숫자를 보고 뉴스를 찾고 기업을 연구해 봐서 믿을 수 있겠다, 같이 가야겠다는 확신이 들어야 내 소중한 돈특공대들을 투입시킵니다. 그래서 얻은 수익이 적더라도 내가 연구하고 믿는 기업에 들어있는 돈은 내 마음을 편하게 해주고, 나를 믿고 투입된 특공대들이 임무를 잘 수행하고 오리라는 확신을 줍니다. 또한 나의 확신을 입은 돈은 남의 말을 듣고 투자한 눈먼 돈보다 몇 배의 힘이 있다는 걸 알기에 어디서 주워들은 정보로 내 소중한 돈을 가둬두고 오르내리는 거에 마음 졸이며 불안으로 잠 못 이루는 선택은 하지 않습니다.

인생은 마라톤이라 당장 내일 부자가 되어야 할 절박한 이유가 없다면 다만 어제보다 조금 더 나은 투자자가 되고, 하나 더 배우고 조금씩 불려 나갈 수 있다면 내가 닿고 싶은 곳에 조금씩 더 가까이 갈 수 있고 그러다 보면 어느새 성큼 그곳이 눈앞에 와 있을 거라는 걸 경험으로 깨달았기 때문입니다. 설사 그 별까지 다다르지 못한다고 해도 그 방향을 향해 이룬 내 성장이 눈을 감는 그 순간에도 나에게 자부심이 되어줄 것임을 알고 있기에 조급해지지 않습니다. 또한 인생에서 산전수전이라는 쓰나미를 지나며 나를 믿을 수 있고 마음 편하게 갈 수 있

HAPPY × (MONEY + POWER)

어야 그 과정마저 행복할 수 있다는 것도 알았기 때문에 어떤 선택의 기로에 섰을 때 내 판단의 기준 또한 언제나 '내 마음이 편한가'입니다.

여태껏 누군가의 말에 쉽게 설득당하는 팔랑귀에 욕심만 많아 심심하면 사기 같은 걸 당하는 중생이었다고요?

괜찮습니다. 그 모든 날들은 지나갔고 이제 새로운 판단의 기준을 알았으니 이제부터 연습만 하면 됩니다. 금방 쉬워질 테니 걱정 마세요.

뭐부터 시작하냐고요?

나를 따라 말해보세요.

"나는 투기꾼이 아니라 투자자다."

그리고 매 순간 머릿속 작은 계산으로 인생도 투자도 더 복잡해지는 선택을 멈추고 작지만 마음 편한 선택들을 이어가보세요.

돈이란 그런 마음 안에 흘러야 지속적으로 풍요롭게 흐를 수 있고 지켜질 수 있기 때문입니다.

잘 '쓰기' 위한 계획

절대 돈으로 고통받지 않는 한 가지 원칙이 있습니다.

알고 싶으신가요? 이 원칙을 알기 전에는 절대로 풍요로움을 수확할 수도 부를 일굴 수도 없습니다. 부모에게 수억 원을 물려받은 사람이라도 이 원칙을 모르면 하루아침에 거지꼴이 되는 것을 면하기 어렵죠.

그 한 가지 원칙은 너무나 간단하면서도 어려운 '버는 것보다 적게 써야 한다'입니다. 갑자기 돈방석에 앉게 된 백만장자나 연예인, 스포츠 선수들이 씀씀이를 관리 못 해 빚더미에 앉게 되었다는 소식을 간간이 접하는 것도 다 이런 이유 때문입니다.

요즈음 사람들은 대부분 신용카드를 사용하기 때문에 할부로 사서 다음 달 또 그다음 달에 갚으면 돼지 하는 생각을 갖고 있습니다. 미리 쓰고 나중에 갚아도 된다는 사고방식이 만연하고 너무 당연하게 느껴지기도 합니다. 하지만 그런 사고방식을 바꾸지 않는 한 평생 부자로 사는 일에서는 점점 더 멀어지게 됩니다.

온 가족이 빚더미에 앉는 경험을 해본 후 은총씨는 빚이라면 아주 질색을 해서 신용카드를 쓰지 않게 되었습니다. 당연히 눈앞에 돈이 보여도 빌려서 투자를 하거나 남의 돈에 손을 대는 일은 없습니다.

그런 욕심이 생길 때도 있지만 그럴 땐 내가 돈을 왜 벌고 싶은지를 생각해 봅니다. 그러면 돈 버는 일이 내 자유, 내 마음의 평화를 지키기 위함이고 나와 사랑하는 이의 행복을 위해서이기에 순간의 욕심으로 이런 소중한 가치를 깨는 일은 없어야 한다는 게 확실해집니다.

하지만 아끼는 데에만 집중했던 과거에는 이런 생각을 해봐도 나와 내 사랑하는 사람을 위해 쓸 돈이 너무 보잘것없어 안타까울 때가 많았습니다. 그러던 어느 날 문득 무조건 아끼고 쓰지 않는 게 다가 아니라 오히려 있는 애들을 더 지혜롭게 잘 이용해야 더 많은 돈을 불러들일 수 있다는 걸 깨달았고, 돈들이 나가서 친구들을 많이 데려올 수 있는 곳이라면 통 크게 써야겠다고 마음먹었습니다. 그래서 그때부터 잘 이용하고 잘 쓸 계획을 세우기 시작했답니다. 그런데 신기하게도 이 잘 쓰는 지출계획을 세우면서 풍요로움이 오히려 성큼 가까이 왔습니다.

은총씨의 지출 원칙은 이 네 가지입니다.

☑ 나와 내 사랑하는 이의 행복을 위해 쓸 것
☑ 새로운 경험과 새로운 배움에 쓸 것
☑ 투자·재투자에 쓸 것
☑ 누군가와 나누거나 돕는 데 쓸 것

이 지출의 규칙을 세우고 지키기로 결심한 이후에 풍요로움은 생각지도 못한 만큼 커졌고 주머니의 부뿐만 아니라 마음마저 풍요로 넘치게 되었답니다. '나는 내가 바라는 그 결과를 향해 가는 옳은 길에 있다'는 확신이 이미 이루었다는 느낌마저 주었답니다.

만약 애쓰는데도 돈이 모이지 않는다거나 돈이 어디로 나가는지는 모르겠는데 자꾸 사라지고, 생각보다 남는 돈이 없다고 느껴진다면 이젠 돈을 어디에 어떻게 쓸지 미리 계획을 세워보세요. 이건 은총씨의 경험인데 이 일을 잘 해낼수록 '안 쓰는데 돈이 없는' 느낌에서 '잘 쓰는 것 같은데 돈도 잘 모이는' 희한한 경험을 하실 겁니다.

　못 믿겠다고요?

　해보고 안 되면 은총씨를 찾아오세요.

빛에 관한
오해와 진실

세금을 내라든가 카드 청구서를 받을 때 여러분은 어떤 생각을 하나요?

보통 돈을 내라는 청구서를 받을 때 또 직원들의 월급을 줘야 하는 날이 다가오면 마음에 부담이 생기고 '또 나한테 돈을 달라고 하네…' 하며 속상한 마음에 불평하곤 합니다. 하지만 이왕 나가야 할 돈을 마주하고 뺏기는 마음으로 불평을 하는 건 가난을 붙잡고 나를 떠나지 말아 달라고 애원하는 거와 같습니다.

은총씨도 과거에는 이자를 내라든가 월급을 줘야 한다든가 하는 날을 너무나 싫어했습니다. 그런데 그런 마음이 커질수록 마음속에 부정적인 마음은 더 커지고 돈은 더 멀어지기만 하는 것 같은 느낌이었답니다. 그러던 어느 날 주변에 돈이 잘 붙는 한 친구를 만났는데, 그 친구는 돈이 나갈 때마다 '거기 가서 행복하게 잘 쓰이고 너 같은 애들 많이 데리고 돌아와 줘' 하면서 기꺼이 돈을 보낸다는 말을 들었습니다. 밑져야 본전인데 나도 한번 해보자 싶어 돈을 내야 할 상황에서 의식적으로 기꺼이 즐거운 마음으로 내려고 마음을 고쳐먹고 다시 더 많이 돌아오기를 기원해 보는 연습을 시작했습니다. 그러자 희한하게도 주머니에 그만큼, 때론 그 이상의 돈이 쌓이고 생각지 못한 돈이 들어와 머물면서 재정적으로 쪼들리던 상황이 나아지기 시작했습니다.

당시에는 '그것 참 신기하다' 했는데 이후 일본에서 최고로 세금을 많이 내는 사업가이자 작가인 사이토 히토리 씨의 책과 워런 버핏의 이야기를 듣고 그런 괴짜 같은 일이 대부분의 부자들이 이미 실천하고 있는 일이라는 걸 알았습니다. 사이토 히토리 씨는 청구서를 받으면 그만한 걸 낼 수 있는 자신의 능력에 감탄하며 감사하면서 즐거워한다고 했고, 워런 버핏 옹은 심지어 세금을 왜 더 안 걷어가느냐고 전화를 하기까지 한다고 합니다.

가끔 부자들의 모임에 가면 누가 얼마나 세금을 많이 냈는지 서로 자랑하기 바쁩니다. 세금을 많이 내는 사람이 자산도 그만큼 많은 능력자라는 걸 알고 있기 때문입니다. 또한 한 집

안에 부자가 나면 그 주위에 그로 인해 먹고사는 사람이 많이 생기고 돈을 뜯어 가는 사람도 그만큼 늘어나는 게 정상입니다.

그러니 이제 청구서가 날아오거든 먼저 감사하고 지불할 수 있는 능력이 있는 자신을 대견해하세요. 그런 마음을 먹기 시작하는 순간 그만큼, 또 그 이상의 돈이 자꾸만 생기는 신기한 경험을 할 수 있을 겁니다.

부모가 큰 빚을 두고 떠났거나 더 이상 감당할 수 없는 큰 빚이 생겼을 때도 원망하는 데 시간을 보내기보다는 이왕 이렇게 된 거 내가 책임질 방법을 찾아보자 마음을 먹으면 얼마든지 해결할 방법이 나타납니다.

같이 운동하던 동생이 있었는데 남편이 나이트클럽을 하다 몇 번의 파산을 거듭하면서 빚더미에 올라앉았습니다. 의료보험 혜택도 못 받을 지경이 되자 그녀를 아는 사람들 모두가 혹시 돈 빌려달라고 할까 무서워 피해 다니기까지 했습니다. 하지만 나는 그 애가 워낙 낙천적이라 잘 이겨낼 거라는 믿음이 있었습니다. 그녀를 통해 그런 상황에서도 감당할 수 있을 만큼만 책임지는 개인파산이나 개인회생제도가 있음도 알았습니다. 과거에는 이런 제도가 없어 은총씨가 부모님으로 인해 큰 빚을 지게 되었을 때 부모님을 원망하고 걱정만 하느라 하루하루 말라 갔었는데요. 하지만 책임질 마음을 먹고 백방으로 알아보고 팔을 걷어붙이니 결국 은행과의 협의를 통해 일정 부분의 빚만 변제하면 신용회복을 할 수 있다는 것도 알았습니다.

요즈음은 부모님이 돌아가신 뒤 상속포기를 하면 빚도 자연히 포기된다는 제도도 있으니 이왕 벌어진 일로 자신을 괴롭히지 말고 어쨌든 책임을 져보자고 마음먹으면 어떤 식으로든 자신을 도울 방법이 생겨납니다.

빚이라는 놈이 나쁜 쪽으로 오해를 많이 받아서 그렇지, 투자를 해서 그 이상의 것을 만들어 낼 수 있다면 자산이 될 수 있습니다. 코로나 때나 금융위기같이 지구가 멸망하는 것도, 나라가 없어지는 것도 아닌데 갑자기 장이 폭락하는 시기는 준비된 사람들이 자산 레벨을 한 단계 끌어올릴 기회가 될 수 있습니다. 이런 확실히 돈을 벌 타이밍에서는 빚에 거리를 두는 은총씨 같은 사람도 대출이든 신용이든 뭐든 일으켜 평소 욕심냈던 기업이나 부동산을 담아 벌어야 하는 예외적인 경우가 됩니다.

소비하는 데 쓰느라 진 빚은 그냥 빚이 되지만 사업가들은 누가 누가 더 많은 빚을 낼 수 있느냐가 능력을 증명하는 일이 되기도 합니다. 도널드 트럼프는 사업이 힘들었을 때 은행에서 빚을 갚으라는 압박이 들어오자 오히려 멋지게 차려입고 은행에 가서 "내가 벌어서 낸 이자로 너희들 모두 먹고 사는 거 아니냐"며 오히려 큰소리를 쳤다고 합니다. 소비로 낸 빚이건 투자로 더 큰 돈을 창출하는 빚이건 모두 어떤 면에서는 좋은 것이 될 수 있습니다. 우리에게 배움을 주거나 더 큰 풍요를 가져다줄 수 있는 거니까요.

성서에 이런 말이 나옵니다.

"오늘 피었다가 내일 아궁이에 던져질 들꽃도 하느님께서 이처럼 입히시거든 하물며 너희야 얼마나 잘 입히시겠느냐? 그러므로 무엇을 먹을까 무엇을 입을까 하고 걱정하지 말라."

당장 내일 큰일이 일어나 잘못될까 걱정하지 마십시오.

두려움을 느끼는 것은 인간 뇌의 아미그달라^{amygdala}(편도체) 때문입니다. 원시시대에 언제 맞닥뜨릴지 모르는 큰 재난이나 무서운 동물을 만나 목숨이 위험한 상황에 대처하기 위해 발달된 부분으로 우리가 사는 지금 시대에서는 필요가 없어졌지만, 여전히 우리가 어떤 상황을 마주했을 때 부정적인 생각을 먼저 하도록 활성화된다고 합니다. 그래서 사실 우리가 두려워하는 일은 대부분 일어나지 않는 우리의 부정적인 뇌의 상상이고, 설사 큰일이 일어나더라도 그 일은 내 성공의 과정, 큰 성장의 기록이 되어 결국 나를 돕게 됩니다. 그러니까 이제 그런 생각이 덮쳐 오거든 '너 또 왔구나. 잠깐 놀다 가라'라고 말해 주세요.

그래도 두렵다면 두려움 속에서도 해야 할 일을 찾고 할 수 있다는 걸 잊지 마세요. 지금 절망적인 상황에 처해 있더라도 그건 결과가 아니라 과정일 뿐이니까

누구든 가진 패가 있다

세상이 불공평하다고요?

네, 세상은 불공평합니다. 누구는 큰 키에 아름다운 외모를 갖고 태어나고, 누구는 금수저에 다이아몬드 수저까지 물고 태어납니다.

학창시절 물만 먹어도 살이 찌던 나는 피자 한 판을 먹어 치우고도 살이 찌기는커녕 아침에 일어나면 눈조차 붓지 않던 큰 키에 예쁜 외모의 친구를 부러워하고 마음속으로 질투도 했습니다. 외모에 관심이 유독 많을 그 나이에, 나는 다시 태어나지 않고서는 그렇게 되지 않을 거라는 생각이 마음속에 피어오를 때면 절망하기도 하고 그 친구가 부럽다 못해 밉기까지 했습니다. 외모뿐만 아니라 건강마저 약했던 나를 괴롭혔던 건 내 건강이나 외모가 아니라 이 생에선 해도 되지 않을 거라는 생각이었습니다.

그러던 어느 날 모두가 대학을 졸업하고 몇 년 후에 모임을 가질 기회가 있었습니다. 나보다 더 절망적으로 이 생에선 나아질 확률이 낮다고 생각했던 한 친구가 몸을 가꾸고, 예쁘게 화장을 하고, 센스있는 옷을 입고, 매력적인 분위기를 연출해 낸 모습을 보고 충격을 받은 적이 있었습니다. 분명 키가 커진 것도, 다른 사람이 된 것도, 새로 태어난 것도 아니었는데 자신만의 매력으로 그 자리에 있는 어떤 예쁜 아이보다 빛이 나는 그 애를 보며 나는 어떤 가능성을 발견한 것 같은 느낌이 들었습니다.

내가 다른 사람이 될 필요도 없고, 새로 태어날 필요도 없으며, 다만 내가 가진 패에서 '최선의 나' '멋진 나'로 업그레이드할 수 있다는 사실을 그때 딱 깨닫게 된 거죠. 무엇보다도 내가 원하기만 한다면 언제든 내가 가진 나만의 패로 시작할 수 있고, 더 높이 높이 비상할 수 있다는 사실을 안 건 너무도 행운이었고 그야말로 기적 같은 일이었습니다.

빌 게이츠가 아니라도 우리는 지금 가진 소소한 것에서 그 못지않은 행복을 누릴 수 있고, 안젤리나 졸리가 아니지만 나만의 매력을 가꾸며 매일 어제보다 예쁜 내가 되어갈 수 있습니다. 적은 월급으로도 카카오뱅크 한 달 적금, 26주 적금 같은 걸로 적금 풍차를 돌리며 공짜 간식을 먹는 기쁨을 누리고, 스타벅스에서 커피를 사 먹을 돈으로 스타벅스 주식을 한주 한주 모아가며 배당이 늘어가는 기쁨도 누리면서, 가끔 배당 받은 돈으로 커피 한 잔의 여유를 즐기며, 앱을 열어 모인 돈을 세어보면서 풍요로 가득 찬 가슴 벅참을 느낄 수 있습니다.

은총씨는 반백의 나이에 160이 안 되는 작은 키에 마른 체형도 아니지만 어디 가서 예쁘다는 소리를 제법 듣습니다. 뭔 자신감이냐고 하실지 몰라도 진짜랍니다. 사실은 이런 단점을 보완하려고 패션감각을 익히고 자세를 교정하고 목소리 연습을 하고 미소 짓는 걸 연습해 왔습니다. 특히 미소 짓고 즐겁게 인사를 건네는 연습은 지금도 매일 의식적으로 하고 있는 것 중 하나인데, 얼굴을 마주 보고 미소를 지으며 밝게 인사를 건네면 모두가 내게 예쁘다고 합니다.

그래도 가진 패가 너무 없다고 생각된다면 헬렌 켈러나 닉 부이치치를 떠올려 보십시오. 눈이 안 보이고 귀가 들리지 않아도 팔다리가 없어도 그 누구보다 멋진 최고의 자신을 찾아 전 세계에 영향력을 끼쳤고 우리에게 감동을 주는 이들입니다.

아픔을 겪고 고통 속에 있다면 그 또한 한편으로는 너무 감사한 일입니다. 나는 이 말이 한때 너무도 이해가 안 됐지만 내게 고통이 없었더라면, 아파보지 않았더라면 이토록 간절하게 이 순간의 삶에 감사하지 못했을 겁니다. 누군가의 마음에 대해 아무것도 이해하지 못했을 거고 나 자신조차 이해하지 못한 채로 이생을 마감했을 겁니다. 그건 아픔을 견디는 것보다 더 비참한 일임을 이제는 알고 있습니다.

아픔과 고통 속에 있다는 건 내 마음속에 비옥한 땅을 일구고 있는 겁니다. 그리고 인간은 약점이 있고 컴플렉스가 있어서 더 개성 있고 독특한 하나밖에 없는 존재인 겁니다. 이 부족함을 '개성'이라는 색깔로 바꾸는 기술을 알면 마치 카드게임을 하다가 내가 가진 패에서 조커 한 장을 더 받는 것과 같습니다.

그러니 지금 자신이 가진 게 너무 없어 초라하게 느껴진다면 자신에게 이렇게 말해 주세요.

"개팬 줄 알았는데 꽃놀이패였구나! 게다가 조커까지 들어왔네."

생산자 마인드

돈이 잘 붙는 사람이 되고 싶은가요?

돈을 쉽게 잘 버는 사람들이 하는 생각은 도대체 보통사람들과 뭐가 다른 걸까요? 만약 이 비밀을 안다면 돈이 잘 붙을 뿐만 아니라 살도 잘 빼고 원하는 건 뭐든 쉽게 여러분 곁으로 끌어당길 수 있을 겁니다.

나는 내 인생 대부분의 시간을 살 빼기가 어렵다는 말을 듣고 스스로도 그렇게 생각하면서 살았는데, 운동을 시작하고 함께 운동하는 친구들을 만나면서 살 빼는 게 별거 아니라는 사실을 알게 되었습니다. 운동을 시작하기 전 내가 아는 대부분의 사람들은 단식을 하거나 약을 먹는 등 온갖 방법을 다 써보았지만 살 빼기는 너무 어렵다고 했습니다. 하지만 운동을 하면서 친해진 트레이너나 운동선수 친구들은 10kg 같은 건

맘만 먹으면 금방 감량하고 몸을 만드는 일이 그들에겐 별거 아닌 생활의 일부라는 걸 알고 너무 신기했습니다.

시간과 생각을 돈으로 바꾸는 데 선수인 '돈 잘 붙는 이들'에게도 보통 사람들의 생각과 달리 돈이 들어오고 나가는 일은 아무것도 아닌 일상입니다. 다만 그들은 다이어트나 돈에 대해 다른 마인드를 갖고 있습니다. 보통 사람들은 다이어트를 할 때 안 먹을 궁리를 하지만 이들은 먹을 계획을 세웁니다. 살찌지 않고 몸에 좋은 음식을 어떻게 건강하게 조리해 먹을까를 끊임없이 생각하며 몸도 지키면서 예쁜 몸을 만들 방법을 계속해서 연구합니다.

돈이 잘 붙는 이 사람들도 어떻게 안 쓸까 대신 어떻게 더 돈을 끌어오도록 잘 쓸까를 끊임없이 고민합니다. 이들은 소위 '생산자 마인드'를 갖고 있습니다. 물건을 하나 살 때도 이 물건이 싸니까, 내 돈을 적게 나가게 하니까 사는 게 아니라 나를 돋보이게 하는 걸 사고 그래야 더 많은 돈이 끌려올 거라는 걸 압니다. 사람을 만나든 물건을 사든 이것들이 더 많은 부를 창출해 낼 거라는 믿음이 없이는 지갑을 열지 않습니다. 말하자면 이 하나의 소비행위가 얼마만큼을 생산해 낼 것인가를 무의식적으로 늘 생각하고 고려하는 사고를 하는 겁니다.

은총씨 역시 돈으로 고생하던 과거를 돌이켜보면 늘 돈이 나가는 거에 촉각을 세우고 예민했습니다. 이 빚을 얼마나 갚아야 다 갚을까 하는 생각이 끌고 온 온갖 잡다한 걱정거리로 대부분의 시간을 불안해했고, 당장 돈이 나가는 걸 막는 데만 애를 썼습니다. 그러다 보니 들어오는 돈이 항상 부족하게 느껴지고 이런 결핍감을 충족하느라 때론 흐지부지 써버리기까지 했습니다. 뿐만 아니라 늘 몸도 마음도 이런 에너지에 빼앗겨 막상 힘을 내서 지키고 벌어야 할 땐 에너지가 딸려 끌어당기는 일이 버겁기 일쑤였답니다.

물건을 고를 때도 늘 싸거나 여러 개 주는 걸 고르다 보니 막상 나를 위해 한 일이 아무것도 없는 것 같아 자신이 불쌍하고 가치 없는 사람으로 여겨지기까지 했습니다. 그런 소비적인 감정을 계속 끌고 다니다가는 돈이 끌려올 기회조차 쉽게 지나칠 뿐만 아니라 자신의 행복도 저당 잡히는 꼴이니 불행한 가난을 레버리지하는 셈이 됩니다.

그러니 이제 지금 이 순간의 작은 행복, 나를 만족스럽게 하고 돋보이게 하는 것, 한 번의 소비로 소확행이든 작은 즐거움이든 소소한 수입이든 무엇이든 끌고 올 수 있는 똑똑한 생산자의 생각을 매 순간 선택해 보세요. 돈을 못 챙기면 행복이나 건강이라도 챙겨야겠다는 마음으로 말입니다.

잘돼야 확신이
생기는 게 아니다

몇 년 전 머슬대회를 준비하며 선수 트레이닝을 하러 다닐 때 같이 운동하던 동생이 있었습니다.

미국에서 살다 잠시 한국에 나와 있는 동안 마음이 맞아 함께 운동하러 다니게 되었는데, 그렇다 할 직업도 없고 고졸 출신에 외모도 그렇게 뛰어나진 않았지만, 자신감만큼은 마치 모든 걸 이루어낸 사람같이 하늘을 찔렀습니다. 적은 나이도 아니었지만 아무나 만나지 않을 거라는 말도 자주 했습니다. 미국에서 운동하면서 만난 부자 친구들처럼 맘껏 하고 싶은 것을 하고, 갖고 싶은 것을 갖고, 가고 싶은 곳에 갈 수 있는 삶을 살 거라는 말을 자주 들어서인지 나까지 그 일이 사실로 느껴질 정도였습니다.

'나는 달라' 하는 느낌이 온몸으로 전달되었고, 가끔 그 애가 아주 아름다운 애라고 나도 모르게 느끼고 있는 걸 깨닫고 스스로 깜짝 놀라곤 했답니다. 그렇게 함께 운동을 하다가 미국으로 돌아갔는데 몇 년 후에 갑작스레 만나자는 연락이 왔습니다.

다시 만난 그 애는 온몸에 '난 다 이루었소' 하는 느낌을 장착하고 있었습니다. 그녀는 그때 자신이 말했던 것처럼 일 년의 반을 세계여행을 다니며 자유롭게 누리며 살고 있었습니다. 그때 한국에 왔을 때 사귀고 있었던 평범한 미국인 남자친구와 헤어지고 친구로 지내면서 그가 다니던 회사의 싱글인 회장과 우연히 연이 닿아 결혼까지 했다고 했습니다.

결혼을 하기까지 많은 난관이 있었지만, 그녀는 자신이 그런 삶을 살 거라는 사실을 의심하지는 않았다고 했습니다. 사귀면서 전 남친이라는 장애물도 있었고 헤어질 위기도 몇 차례 있었지만, 그녀는 꼭 그를 통해서가 아니라도 자신은 당연히 그런 삶을 살 거라고 믿었기에 여유를 잃거나 그에게 집착하지 않았고 그래서 그는 너욱 그녀에게 매료되었다고 했습니다.

영화 〈I feel PRETTY〉(2018)의 주인공 르네는 뚱뚱하고 그저 그런 백인 여자였는데, 어느 날 헬스클럽에서 운동을 하다 머리를 부딪혀 자신이 너무 예쁘게 보이는 이상증상을 겪게 됩니다. 자신이 너무 예쁘다고 생각하게 되자 모든 상황에서 자신감 있고 여유롭게 행동하게 되고 사람들은 그런 그녀의 매력에 빠져들게 됩니다. 모두가 그녀가 진짜 매력적이라고 믿게 된 거죠.

우리는 예뻐지면, 돈이 많아지면, 세상이 나아져야 비로소 내 감정이 바뀌고 거지 같은 상황이 변하고 사람들이 나를 인정할 거라 생각합니다. 하지만 큰돈을 벌고 행복을 거머쥔 사람들은 그게 아니라는 메시지를 끊임없이 들려줍니다. 먼저 부자처럼, 다 가진 사람처럼 믿고 행동하라고요. 그래야 다 가질 수 있다고 말입니다.

그러니 지금부터는 이미 당신이 되고 싶은 그 사람, 그 모습이 된 것처럼 생각하고 행동해 보세요. 아마 여러분이 마주하는 상황, 함께하는 사람들이 모두 바뀌는 경험, 가는 곳마다 돈이 붙는 신기한 경험을 하게 될 겁니다.

부를 누릴 준비가 되어야 부가 찾아온다

여러분은 돈을 좋아하나요?

사람들에게 이런 질문을 하면 대부분 돈 안 좋아하는 사람이 어디 있냐고 합니다.

그러면 여러분은 돈을 사랑하나요?

이 질문에는 왠지 돈만 밝히는 사람이 되는 것 같아 뭐라고 대답해야 할지 망설이기도 하고, 돈이 전부는 아니라면서 변명을 대기도 합니다.

과거 연애를 하던 시절을 떠올려 보면 분명 많이 좋아한다고 했는데 그의 단점을 마주하거나 힘든 상황에 부딪히면 그것 때문에 포기할 수밖에 없다고 하거나 내 한계가 거기까지라며 뒷걸음질 치곤 했던 기억이 납니다.

많은 사람이 돈 버는 기술을 배워 잠깐 큰돈을 손에 쥐거나 풍부한 부를 가지는 때를 맞곤 하지만 그 부를 일궈서 자신을 떠나지 못하게 막는 건 쉬운 일이 아닙니다. 그 모든 것들이 손에 쥔 모래알처럼 손가락 사이로 빠져나간 후 내 그릇이 그것밖에 안 됐다, 시기가 그랬다며 변명거리를 대지만 어쩐지 무언가 허전하고 씁쓸한 마음이 드는 얼굴을 하곤 합니다.

은총씨는 요즈음 〈돌싱글즈〉라는 프로그램을 애청하고 있는데 장거리 연애는 못 한다, 뭐가 안 맞으면 못 한다던 커플들이 진심이 통하고 난 뒤 오히려 '그게 뭐가 어때' 하며 열정에 뛰어드는 모습을 보고는 참 신기했습니다.

은총씨가 느낀 많은 자수성가한 부자들이 보통 사람들과 다른 점은 그들은 돈을 사랑한다고 서슴없이 공표한다는 겁니다. 그리고 그들 대부분은 우리가 생각하듯 돈을 갖고 풍요를 누리면서 빈둥빈둥하는 걸 즐기는 사람들이 아닌 자신의 일을 너무 사랑하고 그 안에서 최고의 재미를 찾는 워커홀릭들입니다. 세계의 최고 부자 순위를 다투는 테슬라의 CEO인 일론 머스크가 하루 16시간씩 일하고, 구글의 세르게이 브린이 개발을 할 때 간이침대를 갖다 놓고 개발자들과 함께 일한다는 뉴스를 읽은 적이 있습니다. 그런 그들이 누리는 최고의 재미가 풍요를 부르고, 많은 사람들을 고용해 먹을거리를 제공하고, 인류의 발전에 기여하고, 더 나은 세상을 창조합니다.

무언가를 사랑해 거기에 전념한다는 건 열정을 바치고 거기에 푹 빠져버리는 일입니다. 그런 상태가 되면 힘들든 말든 몇 시간씩 운전해 그를 만나러 가는 일도 힘든 일이 아닌 게 되고, 밤을 새워 귀가 아프도록 그와 얘기를 해도 시간 가는 줄 모르고 잠도 오지 않으며, 그가 어떤 상태에 처해도 오히려 그를 연민하게 됩니다.

그러므로 돈을 사랑하면 밤을 새워가며 일해도 피곤하지 않은 상태가 되고, 아무것도 안 하고 통장만 쳐다봐도 흐뭇한 상태가 되며, 아무리 적은 돈이 들어와도 더없이 소중하고 지키고 싶고, 설사 어떤 상황이 와서 다 잃는다고 해도 돌아올 거란 믿음을 버리지 않게 됩니다. 사랑이란 결국 빅터 프랭클의 말처럼 '그럼에도 불구하고 YES라고 말하는 것'이니까요.

과거 연애 고수인 한 친구가 어느 날 오해하고 있는 남친에게 적극적으로 해명을 안 하고 있길래 답답한 마음에 물어보았더니 '사랑은 그럼에도 불구하고'라서 이 장애물을 넘지 못하면 결국 그 사랑은 이어질 수 없다고 하더군요. 그땐 이해하지 못했는데 시간이 훌쩍 지난 지금에야 이해가 갑니다.

많은 부의 진리를 담은 책에서 '부를 일구려면 마인드셋이

95%라는 걸 알아야 한다'고 합니다. 이 말은 부에 대해 이만큼의 진심이 되어야 나머지 5%의 어떤 방법으로건 부를 일구는 방법이 효과가 있다는 말로 '그럼에도 불구하고' 상태가 되어야 계속해 부를 불리고 관리해 나가고 지킬 수 있다는 뜻입니다.

돈이 참 안 모이고 빚더미를 벗어날 수 없다면 사실은 풍요보다 더 사랑하는 다른 것들이 너무 많은 건 아닌지 생각해 보아야 합니다. 풍요롭게 살고 싶지만, 그럼에도 불구하고 부를 갖기 위해 할 수 없는 게 너무 많다면 아직은 풍요를 누릴 준비가 안 된 겁니다. 법륜스님의 말처럼 '바가지를 거꾸로 들고 밥 달라고 동냥하는 거지'처럼 말입니다.

특별한 사람이
부자가 된다?

누구나 부자가 될 수 있다고 생각하나요?

당연히 아니라고요?

어느 날 자수성가한 한 친구와 얘기를 하다가 '뭔가를 잘하기 위해 재능이 있어야 하나'라는 주제로 한참 동안 이야기한 적이 있습니다. 그 친구는 가난한 어린 시절에 돈 때문에 고통받은 기억이 너무 커서 다시는 돈 때문에 자유와 자존심 같은 걸 희생당하지 않을 거라 결심했다고 했습니다. 할아버지에, 아버지까지 돈 버는 거라면 재능이 아예 없는 분이셨고, 그 자식으로 태어난 그도 당연히 돈 버는 데 재능이라곤 없어야 하는데 계속 부를 생각하고 배우고 포기하지 않고 시도하다 보니 자신은 건물 두 개를 가지고 부를 누리게 된 걸 보면 재능 같은 걸 운운하며 '나는 안 된다'고 하는 건 그냥 핑계라고 그는 이야기했습니다.

과거에 은총씨도 큰 부를 일구거나 노래를 잘하든 춤을 잘 추든 운동을 잘하든 어떤 분야에서 두각을 나타내는 사람들은 나와 다른 부류의 딴 세상 사람이라고 생각했습니다. 운동을 처음 시작할 때만 해도 그랬습니다. 어려서부터 몸이 약해 달리기하면 꼴찌를 도맡아 했고, 공 던지라면 뒤로 던질 만큼 운동에는 둔재를 넘어 바보였던 나였기에 이 생에선 운동을 한다는 걸 넘어 잘한다는 일은 상상조차 할 수 없었습니다. 운동을 시작하면서 '포기만 하지 말자' '이 생에서 안 되면 다음 생에서라도 할 수 있겠지' 마음먹은 후에도 내가 몇 년 걸려 했던 걸 몇 달 만에 해내는 애들을 보면서 절망하곤 했던 적이 한두 번이 아니었답니다. 그럼에도 불구하고 포기하지 않고 계속하다 보니 이 생에선 절대 볼 수 없을 것 같았던 내 몸의 근육을 만나게 되었습니다. 그것도 매일 아침 말입니다.

투자를 처음 시작할 때도 마찬가지였습니다. 경제신문을 펼쳐놓아도 저기 어디 아프리카 어느 부족의 말이나 글처럼 들리던 때 '진짜 이생 저생이 아니라 삼생은 거쳐야 투자자의 길에 들어서겠구나' 하는 생각으로 매일매일 하루에 열두 번 포기라는 글자를 꺼냈다 넣었다 했습니다. 그랬던 은총씨가 이 생도 안 끝났는데 그 거칠다는 투자시장에서 자신의 방식으로 돈을 벌고 거기다 경제 블로그까지 쓰고 있으니 '금쪽같은 내 새끼'보다 '결혼지옥'보다 더 반전이고 나 자신조차 신기할 지경입니다.

그래서 이젠 재능이란 말은, 그 분야에 헌신해야 할 이유를 찾지 못하고 작은 성장들을 성취하는 기쁨을 모르는 사람들이 도전이 두려워서 하는 변명이라 생각합니다.

무엇이든 어떤 사소한 일이라도 계속 해야 할 자신만의 이유가 있고, 작은 성장을 쌓아가는 기쁨을 발견한다면 그 분야에서 고수가 될 수 있습니다.

재능이란 그런 거라고 나는 이제는 믿고 있습니다. 요즘 은총씨가 너무 좋아하는 세계 최고의 워킹을 하는 한 남자의 영상이 있습니다. 머리도 크고 다리도 짧은 파비안 차콘Fabian Chacon이라는 이 남자는 여자들도 신고 서 있기도 힘든 15cm짜리 힐을 신고 멋신 워킹을 신보이는 세계적인 슈퍼모델들의 워킹 대부입니다. 워킹으로는 세계 최고인 그는 세계 최고의 모델들을 가르치며 함께 워킹하기도 하는데, 그런 아름다운 몸매의 모델과 같이 걷는데도 당당하고 거침없는 그에게서 눈을 뗄 수가 없죠. 그의 그런 스웨그가 너무 멋져서 자꾸만 보고 싶고 따라 하고 싶어 요새 은총씨도 아침이면 힐을 신고 집안을 돌아다닌답니다.

그러니 이젠 재능이란 말은 누구누구한테만 해당되는 말이 아니라 내게도 이미 있지만 아직 발견하지 못한 겁니다. 헌신하고 계속할 용기만 낸다면, 스스로를 더 멋지게 키워 볼 비전을 가질 욕심을 낸다면, 언제든 자신이 그토록 소원하던 최고의 자기 모습에 가까이 갈 수 있다는 사실을 꼭 기억했으면 합니다.

팔자에 돈이 없다?

점을 보러 갔는데 팔자에 자식이나 남편 복이 없다든지 돈 복이 없다든지 하는 말을 들어본 적이 있나요?

은총씨가 어렸을 때 사업을 하던 아버지는 재벌들이 헬리콥터를 보내 모신다는 박도사라는 분을 큰돈을 내고 만난 적이 있습니다. 그분을 만나고 오셔서 큰돈도 강건한 몸도 아무것도 쥐고 나오지 못했다는 나에 대한 얘기를 엄마한테 하시는 걸 엿듣고 가슴이 퉁 내려앉고 절망했던 기억이 납니다. 살아오며 힘든 일이 닥칠 때면 내 팔자가 그런가 하며 노력할 의지조차 잃곤 했는데, 진짜 삶의 밑바닥이라 느끼던 때에는 성당 한쪽에서 욥기를 읽으며 하늘에서 정해주는 팔자라는 걸 생각하곤 한없이 무력해지곤 했습니다.

티 없이 살아가던 욥은 어느 날 집도 가족도 모두 잃고 온

HAPPY × (MONEY + POWER)

몸이 부스럼으로 뒤덮이게 됩니다. 그때 친구들이 그를 찾아와 운명이라느니 하느님의 벌이라느니 떠들어대죠. 하지만 어느 날 성서 첫 부분에 누가 누구를 낳고 하는 페이지를 쭉 읽어가는데, 우리가 아는 그 어떤 훌륭한 인물들도 죄짓지 않고 산전수전을 겪지 않고 새롭게 자신을 발견하지 않은 이가 없다는 사실을 문득 깨닫게 되었습니다. 모두가 자신을 절망하게 하는 운명의 굴레를 저주했지만, 자신을 뛰어넘어 운명을 스스로 헤쳐 나가며 자신의 뜻과 신의 뜻을 일치시켜 나간 사람들이었죠. 그리고 그 운명의 굴레라는 것은 스스로 한계 지은 것을 넘어 더 고귀한 걸 배우라는 신의 뜻을 알아가는 과정이었습니다. 욥도 결국은 이 모든 고난의 과정을 지나 더 좋은 걸 상급으로 받게 됩니다.

이 사실을 깨달은 후 나는 신을 원망하는 대신 자신의 한계를 마주보기 시작했습니다. 팔자 탓을 하는 대신 주역과 명리학을 공부하고 적극적으로 내 팔자를 더 깊이 알고 파헤쳐서 부족한 건 채우고, 안 좋은 시기엔 인내하고 다시 뛸 수 있는 시기를 기다리며 힘을 비축하고, 힘든 시기는 도약의 발판으로 삼으리라 마음먹었습니다. 아무것도 가지지 못한 게 아니라 모든 걸 가질 가능성을 가진 거라고 생각하기로 마음먹었습니다. 그런데 신기하게도 그렇게 생각을 바꾼 후 돈도 사람도 뭐든 원하는 대로 오기 시작했습니다. 건강도 강철같은 몸을 타고난 사람만큼은 아니지만 약했던 덕분에 오히려 스스로의 몸을 관리하는 방법을 연구하고 단련해서 가늘지만 제법 단단하고 길게 지킬 수 있게 되었죠.

아빠가 돌아가신 뒤 아빠의 남은 짐을 정리하다가 그 옛날 박도사가 써준 낡은 종이를 발견했는데, 여러 예언이 적혀있는 종이 뒷면에는 이런 말이 쓰여 있었습니다.

"비우면 더 크게 채워지리라."

우리가 팔자라고 이름 짓는 건 묵은 나를 우물안에 가두고 벗어나지 못하는 사람들의 핑계에 불과하고, 그 묵은 나를 비우고 더 성장한 새로운 내가 채워지면 어떤 것이든 내 마음대로 운전하는 '운명 사용 전문가'가 될 수 있는 겁니다. 그리고 은총씨 생각에는 어쩌면 사람에겐 평행이론처럼 두 개의 타고난 팔자가 있는 것 같습니다. 스스로를 깨우치고 배워 이전의 나를 비우고 새로운 나로 부활할 수만 있다면 새로운 운명의 여덟 글자를 부여받는 것이죠.

은총씨도 가끔 누구 사주를 봐주곤 하지만 그 사람이 이런 운명이니 이렇게 살아야 한다를 말해 주기 위함이 아닙니다. 심리학에서 어린 시절을 보고 마음을 살피며 나를 알아가 더 나은 나로 성장하는 밑거름으로 삼듯 나를 알아가는 한 과정으로, 부족한 건 채우고 가지고 있는 건 장점으로 더 잘 부각시키기 위한 겁니다.

　예를 들어 원래 사주를 볼 때 자신이 가진 여덟 글자 중에서 편재偏財나 정재正財를 나타내는 글자가 돈을 의미해서 이 글자들이 없으면 돈이 없다고 합니다. 하지만 현대사회에서는 이 편재를 가진 이들을 책으로 유튜브로 각종 세미나로 도처에서 만날 수 있어서 그들을 벤치마킹해서 돈을 벌 수도 있고, 편관偏官이나 편인偏印, 비견比肩과 같은 성질들을 잘 이용해서 돈을 벌 기회를 만들 수 있다는 해석도 많이 나오고 있고 실제로 그런 예도 많이 있습니다. 그리고 편재가 있다는 건 돈 욕심이 많다는 걸 의미하기도 하는데, 투자시장에서는 눈앞에 돈을 욕심낼수록 잃는 경우가 더 많아지기도 하니 꼭 뭐가 없어서 안 좋고, 있어서 좋은 게 아니라 각각의 특성에 따라, 어떻게 가져다 쓰느냐에 따라 장점으로도 단점으로도 발현될 수 있습니다. 또 옛날에는 살煞이라는 게 모두 부정적이고 안 좋은 거라고 무서워들 했지만, 현대에 와서는 하늘이 벌을 주는 천살天

殺이니 호랑이에게 피를 줄줄 흘리며 물려간다는 백호살白虎殺도
스스로 수성해 잘 다스릴 수만 있다면 자신을 더 크게 성공하
게 해주는 도구로 이용할 수 있습니다.

그러니 이제 어느 날 운명의 벽 앞에서 절망적인 심정이 될
때 '아이고 내 팔자야!' 대신 '앗싸, 또 어떤 멋진 선물을 주시
려나!'라고 해보세요.

당신이 성공하지 못하는 이유는
착하고 잘 참기 때문이다?

우리는 보통 큰 부를 이루거나 죽음 앞에 섰다가 건강을 되찾거나 인간관계의 달인이 되거나 행복을 찾았다는 사람들은 착하고 인격적이고 인내심 강하다고 생각합니다.

과거에 은총씨도 늘 그런 생각을 하고 있어서 늘 내 인내심이 문제다, 더 착해져야지, 참아야지, 버텨야지 생각하면서 살았습니다. 하지만 이상하게도 그럴수록 더 괴로워지고, 이용당하고 죽고 싶어지면서 건강은 더 나빠져만 가고, 주머니는 비어만 갔습니다. 아마 행복하다는 생각을 자주 하게 되고 주머니에 돈이 쌓이게 된 건 이 생각이 잘못돼도 한참 잘못된 생각이라는 걸 깨달은 후였던 것 같습니다.

주머니에 돈이 쌓이기 시작하면서 돈 있는 친구들을 하나둘 만나게 되었는데, 그들은 하나같이 불합리하고 비참하고 괴로운 걸 못 참는다고 대놓고 말하는 욕심쟁이들이었습니다. 원하는 게 있으면 원한다고 스스럼없이 말하고, 불편함을 못 참아 스스로 그런 환경을 적극적으로 개선하려고 앞장서는, 어떻게 보면 아주 얄밉기도 한 사람들이었죠.

보통 사람들은 불편해도 잘 참고, 하고 싶은 걸 말하면 누가 될까 억누르고 숨기며, 누구를 위해서 또는 뭔가를 위해서 하고 싶다 말도 못 하는 게 인간 된 착한 도리라고 믿고 삽니다. 그리고 이상하게도 그렇게 살도록 이 세상이 혹은 가난하고 행복하지 못했던 그의 부모가 그들을 알게 모르게 가스라이팅합니다. 부자들은 또 누군가 스스로 찾고 원하기 전까지는 이런 이야기를 해주지 않으면서 그들의 특권을 누리려고도 합니다.

마음껏 원해도 되고 스스럼없이 나를 표현해도 된다는 걸 알기 전까지 은총씨도 병들어 죽기 일보 직전이었습니다. 남을 죽이거나 때리거나 해를 끼치지 않는 한 마음대로 내 자신이 되어도 된다는 사실을 알지 못했기에 당연히 내가 가져도 되는 몫을 가지지 못했습니다. 운동을 하면서 깨달은 사실인데 내 몸이 이렇게 아픈데도 아프다는 사실조차 모른 채 그냥 내 체질이고 운명인가 보다, 받아들이고 감당해야지 하면서 개선할 생각조차 안 했다는 사실이 내 몸에게 너무 미안했습니다.

물론 엄청난 돈을 버는 건 하늘이 도와줘야 가능한 게 맞습니다. 하지만 소소히 빚지지 않고 먹고살고, 가족을 책임지고, 자유롭게 사는 작은 행복한 부자가 되는 것, 건강을 유지하고 지키고 개선하는 것 같은 것들은 작은 생활습관의 개선으로도 충분히 가능한 일입니다.

불편함을 참지 마세요.

돈이 없는 걸 운명으로 받아들이지 마세요.

누군가 내 바운더리를 마음대로 넘나드는 걸 참지 마세요.

더 이상 착하고 잘 참는 사람이 되지 않는다는 결심만으로도 충분히 많은 걸 바꿀 수 있습니다.

거꾸로

우리는 날씬한 사람들을 보면 날씬해서 잘 안 먹는다고 합니다. 그런데 알고 보면 체질이 그런 몇몇을 제외하고는 잘 안 먹어서 날씬한 경우가 대부분이죠. 다이어트에 성공해 본 사람들은 알고 있지만 날씬해져서 생활습관, 먹는 습관이 바뀐 게 아니라 생활습관, 먹는 습관을 바꿨기에 멋진 몸매를 갖게 된 겁니다.

모두들 부자가 되면 당당하겠지, 지유롭겠지, 눈치 안 보겠지, 멋진 친구들이 주위에 생기겠지 생각합니다. 하지만 부자의 길로 간 사람은 부자가 되어서 그런 것이 아니라 당당하고 자유롭게 살기로 선택하고 새로운 멋진 친구들을 만나고 적극적으로 부자들의 방식으로 사는 연습을 하다 보니 부자가 되었다고 말합니다. 매일 똑같은 생각을 하고, 똑같은 행동을 하

HAPPY × (MONEY + POWER)

고, 똑같은 사람들을 만나 똑같은 이야기를 하는 이상 아무리 무언가 새로운 걸 원한다고 떠들어도 우리 삶은 아무것도 바뀌지 않습니다.

몸이 바뀌기 전에 식습관과 생활패턴이 바뀌듯이 부자가 되기 전에 먼저 생활이 바뀝니다. 새로운 사람들을 만나 낡은 생각들을 버리고 새로운 것들에 마음을 열게 됩니다. 새로운 사고방식과 삶의 방식을 알게 되고, 더 좋은 방법을 많이 알게 되어 실행에 옮길수록 삶은 더욱 풍요로워지고 원했던 부에 가까이 가게 됩니다. 그래서 이상하게도 운이 새로운 국면으로 접어들 때 오랫동안 함께하던 사람이 떠나고 새로운 사람이 들어오는 경험을 하는 일이 많습니다.

생각해 보면 은총씨도 안 보던 분야의 책을 읽게 되고 그 시기에 신앙을 가져 가치관과 오랜 시간 믿어왔던 뿌리 깊은 믿음들이 바뀌고, 오랫동안 함께했던 사람이 떠나거나 새로 생기는 경험을 했습니다.

여러분이 애쓰며 사는데도 원하던 결실을 못 보았다면 매사를 거꾸로 생각하는 이 사고방식 때문입니다. 부의 흐름에 올라타고 싶다면 그에 맞는 방향으로 생각도 행동도 사람도 생활도 그에 맞게 맞춰져야 합니다. 그러면 물길을 거슬러 가

듯 어려워 보이던 것들이 너무나 순조롭게 풀려나가 생각보다
쉽게 이루어지는 기적을 눈앞에서 보게 될 겁니다.

시련과 역경 속에 숨겨진 부와 행복의 비밀

우리가 병에 걸리고 불행하고 가난하게 사는 이유가 무엇일까요?

만약 지금 계속해서 아프고 슬프고 돈이 없는 현실이 펼쳐지고 있다면 나쁜 운명의 덫에 걸려 있거나 죄를 지었거나 나쁜 짓을 한 결과가 아닙니다. 단지 역경을 거뜬히 이겨내고 문제를 해결하고 건강을 지키고 돈을 버는 방법을 몰랐기 때문입니다.

성서에서 예수님은 '무지가 죄의 근원'이라고 했고 이 결과로 일어나는 것이 가난, 질병, 불행 등 계속되는 역경입니다. 또 신의 뜻을 거슬러 반대 방향으로 나아가는 이런 무지를 깨우치지 못하면 3대가 저주를 받고, 스스로 깨치는 지혜를 가진 사람은 천대에 걸쳐 복을 받는다는 말도 나옵니다. 이는 지혜를 갖추지 못한 부모의 한계를 짓는 말들이 암시가 되어 그 자식들의 삶을 지배하고 지속적인 결핍과 역경, 질병을 불러들이기 때문입니다.

그러면 이 '무지'라는 건 무엇일까요? 무엇을 모르고 있다는 걸까요? 신은 우리를 신과 같은 모상으로 지었기에 우리는 모두 신성을 갖춘 존재이고 한 사람 한 사람이 신이라는 사실입니다. 그래서 우리는 우리 삶의 창조자로 현실의 모든 것들은 우리가 생각하고 느끼고 끌어들이고 창조한 것들입니다. 이 말은 지금까지와 다른 것들을 상상하고 느끼면 얼마든지 다른 것들을 창조하고 끌어들일 수 있다는 거죠.

만약 내 말이 의심스럽다면 주위에 거지처럼 살다 극적으로 인생을 바꾼 이들을 한번 찾아보세요. 찾기 어렵다면 이 은총씨가 얼마든지 찾아줄 수 있습니다.

귀머거리·벙어리로 히버드까지 가고 전 세계인들에게 세기에 걸쳐 감동을 주고 있는 헬렌 켈러, 쓰레기통을 뒤져서 버려진 피자로 끼니를 잇고 성폭행까지 당하다 미국의 가장 영향력 있는 리더가 된 오프라 윈프리, 건물청소를 하다가 이 사실을 깨닫고 세계 최고의 작가이자 자기계발 강사가 된 토니 로빈스, 공장 다니다 요트로 세계일주를 하는 켈리 최 회장, 빚더미와 우울증에 버림받은 아픔까지 껴안아야 했던 삶의 밑바닥에서 비로소 이 사실을 알게 되어 다시 꿈을 꾸며 작가로 투자자로 거듭난 이 은총씨까지 나열하자면 끝이 없습니다.

모두들 삶의 밑바닥, 절망이라는 감옥에서 '알면 바뀐다' '배우면 바뀐다'는 걸 깨닫고 새로운 삶의 길을 걸을 수 있게 되었습니다. 신이 우리를 신의 모상으로 창조했기에 우리는 신의 모습뿐만 아니라 그 창조하는 능력도 받았다는 부와 행복의 비밀을 알게 된 겁니다.

가난하고 행복하지 않고 아프다는 건, 여태껏 가난하고 불행하고 아픈 방법만을 배우고 생각하고 대부분의 시간을 연습했기 때문입니다. 행복하고 건강하고 부유할 방법을 몰랐기 때문이지 죄짓거나 태어날 때부터 정해진 게 아니라는 말입니다. 그러니 이제부터는 닫혀있던 마음의 창을 활짝 열고 원래 자신의 모습을 회복해 가기만 하면 됩니다.

바보야,
문제는 연습이야

어느 날 한 후배가 재정문제로 투자상담을 좀 하고 싶다며 전화를 했습니다. 한참을 경제 얘기, 돈 돌아가는 얘기를 하다가 "언니는 경제에 재능이 있나 봐. 나는 경제나 돈 관련된 건 젬병인데…"라고 하더군요. 그 말을 듣고 나는 웃음이 나왔습니다. 요즈음은 사람들이 은총씨가 원래 몸이 약하다, 아프다고 하면 역시 아래위로 한번 쫙 훑어보고는 '에이~ 장난치지 말지!' 하는 표정을 짓습니다.

우리는 어떤 분야에서 뭘 잘하는 사람들을 보면 저 사람들은 뱃속에서부터 잘했을 거라고 생각합니다. 하긴 생각해 보면 나도 소프라노 조수미 씨가 엄청나게 자신을 단련하고 연습하고 자신을 엄격하게 관리한다는 얘기보다 그 어머니가 그녀를 가졌을 때 마리아 칼라스^{Maria Callas}를 매일 들었다는 이야기를 더 믿었으니까요.

은총씨는 경제뿐만 아니라 운동에 대해서도 콜라병을 든 부시맨 아니 부시우먼이었습니다. 학교 다닐 때 100m를 20초 안에 뛰어본 적이 한 번도 없고, 멀리뛰기는 제자리뛰기로, 매달리기는 1초 이상 견딘 적이 없는 약골 중의 약골이었습니다. 경제도 마찬가지로 까막눈에 소비자 마인드가 철저히 뿌리박혀 누가 경제에 관한 얘기만 하면 머리가 멍해지면서 지끈지끈 아파지곤 했답니다.

하지만 사람이란 무한한 잠재력을 가진 존재여서 내가 뭘 하고 싶다, 해야겠다는 열망이 있으면 아무리 느려도 계속해서 연습할 수 있고 언젠가 잘하게 되는 그날이 옵니다. 쇼핑을 좋아하던 때 뭐에 하나 꽂혀 그걸 사야겠다고 밤낮으로 생각하고 알아보고 하면 아무리 비싸고 귀한 물건이라도 반드시 찾아내 가지곤 했던 그런 열망 말입니다.

며칠 전 우연히 미국 35대 케네디 대통령이 당선된 1960년 대통령선거 대선 토론 비디오를 볼 기회가 있었습니다. 당시 처음 열렸던 대선 토론에서 케네디의 경쟁상대는 당시 부통령이자 이후 37대 대통령이 된 리처드 닉슨이었습니다. 흑백 TV가 보급되어 TV 출현이 처음이었던 닉슨은 굳은 표정에 말까지 더듬고 땀을 뻘뻘 흘리며 힘들어하는 모습이었습니다. 대통령이 된 후 멋지게 연설하는 그의 모습을 보면 아무도 이런 시절이 있었으리라고 상상하지 못했을 겁니다.

《데일 카네기 성공대화론》에 보면 멋진 연설을 하는 링컨이나 처칠 같은 세계적인 리더들도 초기에는 모두 이런 모습이었다고 합니다. 링컨은 연설을 위해 작은 메모지 지갑을 가지고 다니면서 아이디어를 생각하고 연습했다고 하고, 닉슨처럼 망신스러운 경험을 한 후 연습에 연습을 거쳐 명연설자로 거듭나기도 합니다. 톨스토이의 초기 습작이나 메모를 보면 졸작이라 놀란다는 얘기를 들은 적도 있습니다.

그러니 부자가 되고 싶지만 '난 돈 버는 데 재능이 없는 거 같아'라든가 '지금 해봤자 내가 할 수 있겠어?'라는 핑계는 이제 쓰레기통에 던져버리세요.

그리고 진짜 되고 싶고, 닿고 싶고, 얻고 싶은 그 열망이 진심이라면 이제 연습을 시작하세요. 아주 사소하게, 어이없이, 거지같이, 아무렇게나 해도 상관없습니다.

처음이란 원래 무모한 것에 비해 어이없이 사소한 거니까요.

질문을 바꾸면
운의 흐름이 바뀌기 시작한다

지금 힘든 처지에 있으면서 '나만 왜 이렇게 힘든가?'라는 질문을 반복하고 있다면 가까운 시일 내에는 이 힘든 처지를 벗어날 가능성이 없을 겁니다.

그럼 어떻게 해야 그런 지옥 같은 악순환을 벗어날 수 있을까요? 알고 나면 생각보다 어렵지 않다는 걸 깨닫고 놀라실 겁니다. 이 우주에 던지는 질문만 바꾸면 운의 흐름이 방향을 바꾸기 시작합니다. 그러니 지금 이 순간부터는 '내가 여기서 뭘 알아야 하지?'라고 질문하십시오.

사는게 너무 힘들다는 사람들을 가만히 들여다보면 은총 씨처럼 어렸을 때 복을 누리고 사랑을 받던 사람이 커가며 어려운 처지에 놓인 경우도 있고, 어릴 때도 복이 없더니 쭉 삶이 너무 안 풀린다는 사람도 있습니다.

요즈음 사람들은 어릴 적 힘든 환경을 트라우마로 여기고 지금 불행을 그때 부모나 나를 힘들게 했던 여러 환경 탓으로 여기면서 지금의 비참한 상황을 변명하곤 합니다. 하지만 어렸을 때 구박을 받았던 것도, 마음이 많이 아프고 외로웠던 것도, 이리저리 눈치를 보며 떠돌았던 것도 부유함을 누리고 사랑을 받았던 것만큼이나 큰 복이 될 수 있습니다. 이런 사람들은 분위기 파악을 잘하고 남의 마음을 잘 파악하며 세상 물정을 빨리 깨닫게 됩니다. 그렇게 물질적으로도 감정적으로도 먼저 독립하고, 웬만한 풍파에는 끄떡도 하지 않을 강인함을 일찍부터 갈고 닦을 기회를 가진 겁니다.

물론 부모 세대에서 워낙 쌓아 놓은 게 없어 그렇게 될 수 있다는 지혜를 얻을 기회마저 갖지 못한다면 계속해서 힘들 수밖에 없습니다. 그러나 지금, 이 글을 읽으면서 자신을 일깨울 전환점을 맞이하고 있다면 자신이 먼저 깨달아 집안의 리더로서 더 좋은 길로 이끌 수 있는 사람으로 선택된 것에 자부심을 느낄 수 있을 겁니다.

조부모·부모가 쌓아 놓은 덕으로 어릴 적 복을 누리고 사랑을 받았지만, 그 복이 다하고 어느 순간 비참한 처지가 된 사람들은 온실 속 화초처럼 연약해 이런 풍파를 견디지 못할 수도 있습니다. 그래도 언제인지 모르지만 쌓아둔 선근이 있어 바보 같은 지혜를 받아들일 수 있으면 솟아날 구멍이 있습니다.

어느 쪽이건 힘든 상황에서 벗어나는 방법은 하나이고, 우주의 법칙은 단 한치도 어긋나지 않습니다. 지금 힘든 처지에 있다면 그 상황이 어떠하든 그 안에서 알아야 할 것을 찾아 온 마음을 다해 배워야 한다는 사실을 알아야 합니다.

자꾸 힘든 것들이 닥쳐온다는 건, 이런 배움으로 채워져야만 누릴 수 있는 내 우주 그릇이 갖가지 쓰레기들로 채워져 있어 좋은 것들을 담을 공간이 없다는 표시입니다. 그러니 그때는 생각이든 말이든 물질이든 무엇이든 이 우주에, 사람에게 이득이 되는 일을 해서 쓰레기들을 조금씩 비우고 그 자리를 나를 도울 수 있는 좋은 것들을 채워나가는 데만 힘써야 합니다.

그 과정에서 왜 '나만 힘들지' 하고 불평을 해대면 그나마 조금 채워 놓았던 우주 그릇에 비워두었던 쓰레기를 다시 던져 넣는 것과 같습니다. 내가 보기에 참 아닌 것 같은데 좋은 걸 누리는 사람들은 자신이 했든 부모·조부모가 했든 쌓아 놓은 것들이 넘쳐흘러서 자신의 그릇에 아직 채워져 있는 겁니다.

나 혼자만의 인생으로 보면 참 불공평하게 보일지 몰라도 몇 대를 쭉 펼쳐놓고 보면 이 우주의 법칙은 한 치의 오차도 없으므로 우리 모두 그 앞에서는 공평합니다.

그러니 이제는 힘든 것들이 자꾸 닥쳐오면 입을 다물고 고개를 숙이고 먼저 이 질문을 던지십시오.

"지금 내가 알아야 할 것이 뭐지?"

PART 2

부를 얻는 건
삶을
배워 나가는
과정이다

인생의 전환점, 스위치를 켜요

여러분이 지금 돈도 없고 행복하지도 않은 이유는 무엇일까요?

은총씨의 과거를 돌아보면 어떨 땐 돈이 없어서, 어떤 시기엔 건강하지 못해서, 어떤 날에는 누군가가 마음에 안들어서 행복하지 않았습니다. 뭔가 풍족하고 행복하다고 느끼기 전 어떤 변화가 있었는지 요즘 들어 곰곰이 생각해 보았는데 한 가지 중요한 차이가 있었습니다. 이 사실을 알면 아마 여러분도 기가 막히고 웃겨서 어이가 없을지 모르지만 깊이 생각을 해본다면 아마 무릎을 '탁' 칠 겁니다.

이전 삶에서는 고단함을 벗어나기 위해 나름대로 고군분투하며 애썼지만, 한 번도 '나는 얼마를 가질 거다' '나는 매 순간 반드시 행복할 거다'라는 목표를 세우거나 결심을 하지 않았습니다. 그러다 보니 매 순간 힘든 일상을 벗어나려고 발버둥 치기만 하다 순간을 회피하고 방황하기를 반복하기만 하니 내가 어느 방향으로 가는지 스스로도 모르게 돼서 마치 길 잃은 아이 같은 심정으로 하루하루를 살고 있었답니다.

내 삶이 극적으로 변화하게 된 건 그때부터였습니다. 내가 갈 방향을 정하고 얼마를 벌지 정하고 행복하기로만 결심한 그날 말입니다. 그날에서야 내가 가야 할 길이 명확해지고 그곳에 닿기 위해 지금 무엇을 해야 하는지도 알게 되었습니다. 그리고 신기하게도 그 작은 하나의 결심을 했을 뿐인데 내 삶이 변화되기 시작하는 겁니다.

우선 무엇을 위해 지금 하는 일을 하는지를 알고 하니 더욱 집중해서 효율이 올랐고, 길을 가다가도 돈과 관련된 문구만 봐도 눈에 쏙쏙 들어오고, 내가 뭘 하는지를 몰라 회피하고 방황하는 시간이 줄어들고 해야 할 일만 하게 되니까 시간이 많아졌습니다. 무엇보다 쓸데없이 내 시간과 감정을 갉아먹는 비슷한 유의 사람들과 하나둘씩 자연스럽게 멀어지게 되면서 그토록 바라던 부와 행복도 성큼 가까이 왔습니다.

돈을 벌고 싶다면, 행복해지고 싶다면, 돈과 행복을 부르는 일에만 집중할 거라는 결심을 해야 합니다. 그리고 매 순간 그 일에 도움이 되는 행동, 생각, 말, 반응만을 선택하면 됩니다. 그러면 문득 그 일이 생각보다 쉬운 일이었음을 깨달을 수 있을 겁니다. 이 한 번의 결심으로 모든 게 단번에 바뀌지는 않겠지만, 이 한 번의 결심은 어디로 가야 할지 몰라 이리 뛰고 저리 뛰며 앞으로 나아가지 못하던 자신에게 가야 할 방향을 알려주는 인생의 중요한 전환점이 될 수 있습니다. 물론 여러분은 결심하기 전의 습관이나 행동으로 자주 다시 돌아가겠지만, 방향을 확실히 설정해 결심을 한 후에는 다시 돌아와야 할 곳을 정확히 알고 느리지만 앞으로 나아가기 시작할 겁니다.

그러니 오늘 여러분의 삶이 만족스럽지 않다면 먼저 이 결심부터 해보세요. 그리고 매일 매 순간 매초, 되도록 자주 자신에게 상기시켜 주기만 하면 됩니다.

분명 뭔가 달라진 느낌이 들 거고 그 느낌으로부터 이미 큰 변화의 물결이 시작된 겁니다.

부와 카르마

> "땅에 심는 것이 무엇이든
> 그대로 무럭무럭 자라 땅 위로 솟아오른다."
> _《조셉 머피 부의 초월자》

미모와 몸매도 우월하고 능력도 뛰어난 친구가 있습니다. 그녀는 누가 봐도 이런 촌에서는 찾아볼 수 없는 탁월한 미모와 능력을 가졌을 뿐만 아니라 사람을 다루는 스킬도 남달랐습니다. 그런 그녀는 자수 빚에 허덕이거나 딱 쓸 만큼밖에 빌지 못했는데 항상 그 이유가 궁금했습니다. 한번은 같이 마주 앉아 커피를 마시다 그녀가 하는 얘기를 듣고 그 이유가 납득되었습니다.

그녀는 왕자님을 기다리고 있었습니다. 자신을 구원해서 경제적·정신적으로 돌봐줄 사람을 기다리며 자신의 재능을 그를 기다리는 동안 지탱해 주는 수단쯤으로 취급하고 있었습니다. 늘 그런 생각의 씨앗을 무의식에 심다 보니 딱 생활을 지탱해 줄 만큼만 재능을 사용하고 그 이상은 쓰지 않게 된 겁니다.

'카르마'라고 하면 보통은 나쁜 짓을 하면 벌을 받는다는 것 정도로 이해하고 있는데, 진짜 무서운 건 매일 매 순간 하는 생각들이 고스란히 이 카르마 법칙에 의해 우리 무의식에 심어진다는 겁니다. 자신도 모르는 사이에 자주 품어왔던 사소한 생각과 감정들은 언젠가 현실로 펼쳐질 준비운동을 하고 있다는 거죠.

자수성가해 부자가 된 은총씨의 한 친구는 여자들이 자신의 돈을 노린다는 말을 자주 하고 다녔습니다. 그런데 진짜 이상하게도 그가 만나는 여자들마다 결국은 많은 돈을 쓴 후에야 마무리가 되어서 결국 오십이 넘어서도 마땅한 짝을 찾지 못하고 같은 말을 반복하고 있습니다.

우리가 하는 생각들은 마치 식당에서 음식을 주문하듯 이 우주에 소원이라는 주문을 넣는 것과 같다고 합니다. 삶이 엉망진창인 채로 내 앞에 펼쳐져 있어 매일 매일이 괴롭다면 지금까지 이 사실을 몰라 온갖 부정적인 것들을 주문했을 수 있습니다. 또는 기분이 좋을 땐 좋은 걸 나쁠 땐 나쁜 걸 주문하며 왔다 갔다 해서 도대체 어떤 걸 주문한 건지 우주가 헷갈리고 있어 그것들이 고스란히 현실로 나타나고 있다는 걸 사토 미쓰로의 《하느님과의 수다》에서 읽은 적이 있습니다.

오늘 여러분은 하루 종일 어떤 생각을 하고 있나요?

나를 배신한 미운 누군가를 생각하며 피해의식이란 씨앗을 심고, 돈을 많이 번 미운 친구가 망해버렸으면 좋겠다는 잡초를 방치해 키우고 있진 않나요? 대부분의 시간에 이런 생각을 하는 한 절대로 부와 풍요, 번영이라는 꽃은 여러분을 찾아오지 않을 겁니다.

화려하고 아름다운 돈과 행복이라는 꽃의 향기를 맡고 싶다면, 쉿! 지금 하는 생각과 말의 씨앗이란 카르마를 조심하세요.

변화를 결심하고 나서
힘든 일이 더 많은 이유

이제 운동을 하기로, 돈을 모으기로, 잘하기로 결심했지만 그냥 아무 생각 없이 살던 이전보다 더 힘들게 느껴지나요?

이 얘기를 하려니 과거 신앙을 처음 가졌을 때가 생각이 납니다. 그때 세례를 받으려고 예비자 교리를 듣던 다른 분들 모두가 이런 얘기를 했습니다. '오히려 신앙을 안 가지는 편이 낫지 않았을까…'라고요. 신앙을 갖지 않고 아무 생각 없이 살던 때와는 달리 몸이 아파지기도 하고 부부싸움이 잦아진다거나 악몽을 꾸는 등 자꾸 그만두고 싶어지는 상황이 생긴다는 겁니다.

은총씨도 잠만 자면 십자가가 반토막이 나고 집으로 수십 개의 관이 들어오는 꿈을 꾸었고, 가족들과의 갈등도 더 커져만 가고, 돈은 말라 갔습니다. 그래서 한동안 신앙을 가지면 해결될 줄 알았던 일들이 왜 더 골치 아파지고 힘들어지냐는 질문을 신께 계속 던졌습니다. 그러던 어느 날 우연히 채널을 돌리다 어느 목사님의 설교를 듣게 되었는데, 거기서 몇 달 동안 나를 괴롭히던 의문이 풀렸습니다.

사냥꾼은 살아있는 사냥감을 쫓지 죽은 사냥감을 쫓지 않는다는 겁니다. 신앙이 없던 상태에서 나의 영혼은 죽어있는 거나 다름없이 부정적인 기운에도 쉽게 물이 드는 상태였지만. 신앙을 갖고 영靈이 살아 부정적인 기운에 저항하니 힘이 들 수밖에 없는 거였죠. 마치 운동을 처음 시작하게 되면 안 쓰던 근육을 쓰게 되어 한동안 몸이 더 아파지는 원리와 같습니다.

인간이 가장 많이 넘어지는 시기가 처음 일어서고 걷기 시작하는 때입니다. 그래서 돈에 대해 아무것도 모르고 부정적인 생각으로 가득 차 있다가 막상 부자가 되기로 미음먹고 일어서려 할 그 처음이, 가장 돈이 안 모이고 생각이 많아지고 힘들게 느껴지는 건 당연합니다. 수십 년을 함께 해왔던 내 몸과 마음에 딱 붙어있는 돈 안 붙는 낡은 습관들을 떼 버리고 새로운 습관들을 걸음마부터 시작해야 하니 힘든 걸 넘어서서 고통스럽기까지 한 게 당연한 겁니다.

그리고 그 시기에 가장 많은 사람들이 '난 안 되나 보다' 하며 포기를 합니다. 그 사실을 모르니 성과를 보기 직전에 포기하게 되는 거죠. 그래서 그때가 겨울을 지나고 얼어있던 땅에서 막 새싹이 올라오는 시기라는 걸 자신에게 알려줘야 할 때라는 걸 끊임없이 상기해야 합니다.

그러면 그런 수많은 생각들과 아픔들을 견디고 고개를 내민 작은 꽃망울을 향해 '에게 이게 뭐야?' '얼마나 애썼는데 결과가 요거야?' 하고 밟아버리는 대신 '어머, 반가워. 드디어 너를 만나게 되었구나' '너무 소중해. 내가 아름다운 꽃으로 피어나게 도와줄게'라고 말해 줄 수 있을 겁니다.

문제는 늘 있다는 걸
받아들여라

지금 여러분은 어떤 문제로 괴로워하고 있나요?

과거에 은총씨는 그 당시 나를 괴롭히는 문제들이 모두 사라진다면 평화가 오고 행복해질 텐데 하며 문제없는 세상만을 바라면서 매일 불행했습니다. 문제를 잊어버릴 궁리를 아무리 해보고 피해 보아도 문제는 눈덩이처럼 커져만 갔고 하나의 문제를 어찌어찌 풀어가는 듯하면 또 다른 문제가 생겨나 괴롭기만 했습니다. 특히 어렸을 때부터 몸이 약했던 은총씨는 어디가 좀 아파서 힘들다가 좀 괜찮다 싶으면 또 다른 곳이 아프고, 뭘 좀 마음먹고 시작해 보려고 하면 병부터 나기 일쑤여서 더 많이 포기를 생각했습니다. 아무리 이런 몸을 저주하고 속상해해도 몸도 아픈데 마음도 헤집어 아프게 하는 꼴이 되어 더 힘들어지기만 했습니다.

그래서 어느 날 그냥 나는 매일 여기저기가 아프다는 걸 받아들이기로 했습니다. 이게 내 몸이고 타고난 게 이런 걸 어떡하나 하며 더 나빠지지만 않게 관리하자 마음먹었습니다. 운동을 시작해서도 나와 시작점이 다른 남과 비교하지 않고 아프면 쉬었다, 또 좀 나으면 계속했다 그렇게 까다로운 내 몸을 달래가며 여기까지 왔습니다. 지금도 뭘 좀 열심히 해보려면 병이 나기 일쑤지만 많이 아프면 쉬고 조금 아프면 할 수 있는 만큼만 하자 합니다. 너무 아프면 '너무 아프구나'까지만 하지 난 왜 이렇게 태어났을까 하며 자괴감에 빠지지 않습니다.

사실 문제없는 시간이란 마치 사막의 오아시스와 같습니다. 우리 인생은 문제의 연속이고 문제없는 시간만을 기다리면 인생 대부분의 시간을 불행으로 날려버릴 겁니다. 또한 문제를 피하고 잊어버리려고 하면 할수록 눈덩이처럼 커져서 어느새 문제의 무게에 짓눌려 있는 자신을 발견하게 될 겁니다. 인생을 아무 문제 없이 행복해야 하는 거라고 생각하고 있으면 고통스러운 날이 더 많아집니다. 인생만큼 파란만장한 투자시장에서도 오르는 빨간 날만 기분 좋다 하면 파란 날이 더 많은 이 시장에서 오래 버티지 못할 겁니다.

그러면 문제없는 인생을 사는 방법은 없는 걸까요? 당연히 있고, 알고 보면 생각보다 어렵지 않습니다. 문제없는 인생을 사는 유일한 방법은 살아있는 한 문제는 늘 있다는 걸 깨닫는 것뿐입니다. 그리고 문제가 있는 가운데서도 웃고 농담하고 할 일을 하고 매 순간을 즐기는 법을 알아가며 그 과정을 즐기는 법을 배운다면 이제 인생의 행복과 부를 차지할 그릇이 된 겁니다.

은총씨는 어느 순간부터인가 투자시장의 파란 날을 더 좋아하게 되었습니다. 지루하게 이런 날들이 반복될 때 내 투자에 대해 돌아보고 생각하고 공부하고 배울 시간이 오게 되니까요. 그러다 보니 이런 날들에서도 마이너스가 되지 않고 제법 괜찮은 수익을 올릴 수 있게 되었습니다. 그러다 보면 봉들이 솟아오르는 빨간 날들이 오고 그 일이 마치 보너스나 인센티브를 받는 이벤트처럼 느껴집니다.

또한 낯은 문제와 마주힌디먼 그 해답을 언는 과정에서 삶의 숱한 문제들에 대한 해답뿐만 아니라 오답들도 함께 알게 됩니다. 학창시절 오답노트를 만들어본 사람이라면 알겠지만, 오답노트를 만드는 과정에서 정답을 찾아가는 방법을 배우고 많은 가능성을 놓고 숙고하는 시간을 갖게 되어서 다음에 비슷한 문제를 만났을 때 더 효율적으로 풀 수 있게 됩니다.

인생에는 딱 정해진 정답도 오답도 없기에 정답이 있다면 자신만의 길을 자신의 호흡에 맞춰 찾아가는 일일 겁니다. 그 길은 처음 가보는 길이고 오로지 내가 찾아가야 하는 길이기에 정답을 찾을 사람도, 오답노트를 만들 사람도 나 하나뿐입니다.

그러니 이 사실을 꼭 기억하세요.

첫째, 문제는 늘 있는 것이다.

둘째, 어떤 문제라도 먼저 해결한 사람이 있고 내가 아직 모를 뿐 마주할 용기를 내면 반드시 자신만의 해결책을 찾을 수 있다.

"쉽기 전에는 모든 것이 어렵다."

_ 괴테

좋은 생각의 씨앗을
의도적으로 뿌려야 한다

가난한 부모에게서 난 자식이 쭉 가난하고 부자 부모에게서 난 아이가 부유한 어른이 될 확률이 큰 건, 무의식중에 그부모의 생각과 말·행동이 행동반경이 되고, 한계가 되고, 그가가야 할 길의 인생길 안내프로그램 역할을 하고 있기 때문입니다.

'그럼 어쩌라고?' '그대로 쭉 그렇게 살란 말이냐?'라는 짜증이 살살 올라오죠?

아니요!!! 더 이상 그렇게 살지 않을 방법을 함께 나누려고 말씀드리는 겁니다. 그러니 여태껏 들은 모든 말들을 모두 잊어버렸다 해도 지금 이 말만큼은 반드시 기억해 주었으면 합니다. 이 한 가지만 확실하게 기억하고 있어도 기적의 가장 중요한 첫 단계를 얻게 됩니다. 그리고 그 첫 단계를 획득한다면 90%를 이룬 거나 다름없죠.

가만히 자신의 머릿속을 들여다보세요. 하루에도 온갖 생각들이 들어왔다 나갑니다. 그 아이들이 바로 여태까지 여러분을 무의식적으로 안내하던 고장 난 인생길 안내프로그램이었습니다.

그 생각들을 한동안 들여다보았다면 이제 '좋은 씨앗'이라는 말을 떠올려 보세요. 이제 내가 원하지도 않는, 모르는 사이에 프로그래밍 되었던 그 생각들 사이에 의도적으로 내가 원하고 바라는 것들의 좋은 생각의 씨앗을 뿌리는 겁니다. 그 생각들이 떠오르건 말건 그냥 의식할 때마다 의도적으로 생각을 계속해서 심어주면 됩니다.

은총씨는 《부의 초월자》에 나오는 '기쁨, 부, 성공'이란 세 글자를 되뇝니다. 생각나고 의식할 때마다 의도적으로 이 말들의 씨앗을 심어줍니다. 또 스스로를 축복하는 말을 하루 2번 자기 전과 잠에서 깨자마자 해줍니다.

"내가 하는 모든 일이 잘됩니다."
"마주치는 모든 사람들이 치유되고 축복을 받습니다."
"우주는 나의 편입니다."

아침에 깨어나 처음 거울을 볼 때는,

"오늘 하루도 세상에 모든 좋은 것들과 최고의 기회, 멋진 사람들, 새롭고 멋진 경험들이 다 내게로 올 거야!"라고 합니다.

이 의식은 마이크로 소프트 회장인 빌 게이츠와 애플의 스티브 잡스가 집을 나서기 전 거울 속 자신의 눈을 보며 확언을 한다는 글을 읽고 따라 하기 시작한 건데요. 빌 게이츠는 '오늘은 왠지 나에게 큰 행운이 생길 것 같다. 나는 뭐든 해낼 수 있다'라고, 스티브 잡스는 '오늘이 내 인생의 마지막 날이라면 오늘 내가 하는 일을 하고 싶을까?'라고 했다고 합니다.

의도적으로 자꾸 좋은 생각의 씨앗 뿌리는 일을 하기 시작하면 시커멓던 마음속·머릿속이 정화되며 점점 명료해지는 걸 느낄 수 있습니다. 이 작업은 마치 쓰레기더미 집을 청소하는 것과 같아서 처음에는 어디서 어떻게 시작해야 할지, 언제 끝날지 모를 수도 있습니다. 시커멓기만 하던 물에 깨끗한 한 방울 한 방울의 물이 떨어지면서 흙탕물이 되어 더 혼란스러워지고 '내가 지금 뭘 하고 있나' 하는 생각이 들어 포기하고 싶어질 수도 있습니다.

하지만 포기하지 마십시오. 분명 조금씩 조금씩 이 씨앗들이 싹을 틔우고 정리가 되면서 생각에, 말에, 행동에, 삶에 변화가 시작되는 기적을 경험하게 될 겁니다. 그리고 어느 순간 나도 모르게 저절로 원하는 것들이 성큼 다가와 있는 걸 느낄 수 있을 겁니다.

그러니 바로 지금 이 순간부터 매 순간 이 단어를 떠올리세요. '좋은 씨앗'이라는 네 글자를 말입니다. 이 글자를 떠올릴 때마다 카르마의 방향이 꿈틀대기 시작할 겁니다.

욕심부려도 된다

'비워라' '버려라' 하는 말들을 많이 들어보셨나요?

수많은 책과 좋은 말들이 우리에게 심어주는 말입니다. 우리는 자라면서 이런 말들을 너무 많이 듣고 살아와서 마치 무언가를 가지고 싶다든가 터무니없는 목표를 가지는 게 나쁜 거라 무의식중에 생각합니다. 과거에 은총씨도 욕심을 숨겨왔고, 욕심을 스스럼 없이 표현하는 애들을 보면 안 좋은 시선으로 바라보면서 비난하곤 했답니다.

조셉 머피는《부의 초월자》에서 모든 사람은 생명력을 가지고 있고 생명력은 자신을 표현하려는 성질이 있어서 생명과 사랑, 아름다움을 표현하고자 하는 욕망 역시 누구에게나 있다고 했습니다. 우리가 이루어온 모든 것들도 돌아보면 원하는 것을 이루고자 하는 욕구에서 비롯된 것임을 알 수 있습니

HAPPY × (MONEY + POWER)

다. 우리가 입는 옷들, 살고 있는 집, 하고 있는 일, 맺고 있는 관계 등 모든 것들이 우리가 생각하고 원하고 바라왔던 것들의 표현입니다. 주변에 자신이 원하는 대로 사는 사람들을 관찰해 보면 자신이 좋아하는 것, 싫어하는 것, 원하는 것을 자유롭게 표현하는 사람들입니다. 자신의 욕구를 아닌 척 숨기고 살다 보면 이런 사람들의 욕구를 실현하는 데 휘둘리는 노예가 되어 피해자로 살아가며 괴로워하는 인생을 살게 됩니다.

그러니 무언가를 원하는 자신을 부끄러워하거나 미워하지 마세요. 마음껏 자신이 원하는 걸 말하고 표현하고 가져도 됩니다. 그것이 남을 아프게 하고 남의 권리를 침해하는 일이 아닌 한 무엇이든 말입니다.

욕심을 부리는 일이 마치 남의 것을 뺏는 일인 양 죄책감을 느끼지 않아도 됩니다. 부도 행복도 사랑도 희망도 세상에 좋은 것들은 누구나 원하는 대로 가진다고 해서 내 것이 없어지지도 않고 다 같이 많이 가져도 여전히 없어지지 않는 공기와 같습니다. 내가 많이 가진다고 해서 다른 이의 것이 줄어드는 것도 아니고 반대로 누군가가 많이 가진다고 해서 내 것이 없어지는 것도 아닙니다. 그러니 걱정 말고 자신의 꿈을, 사랑을, 건강을, 행복을, 풍요를 바라고 원하고 기도하고 기대하세요.

현실적으로 가능하지 않다고 비웃음을 당하든 말든 맘껏 욕심내고 바라도 됩니다. 그리고 오히려 더 가지면 가질수록 더 넘쳐나는 경험을 해보세요.

우리는 스스로 상상하는
현실 속에 살고 있다

요즈음 어떤 상상을 자주 하나요?

옷가게를 하던 친한 동생이 있었는데 그 동생을 만나면 앞으로 일어날 좋은 일, 멋진 곳으로 가는 휴가, 펼쳐질 더 나은 미래 얘기를 듣느라 항상 기분이 좋아지곤 했습니다. 그녀는 전 세계를 누비며 일을 하고 꿈을 펼치면서 살 거라고 항상 얘기했는데, 마치 혼자 상상 속의 세계에 사는 것처럼 외국에서나 볼 수 있는 옷차림으로 조깅을 하거나 해변에 있는 것처럼 탱크탑 드레스를 입고 일광욕을 즐기며 자신만의 세계에 빠져들곤 했습니다. 친구들이 딴 세계 사람 같다며 뒤에서 수군거렸지만, 그녀는 아랑곳하지 않고 자신의 삶을 즐겼죠.

몇 해가 지나고 캐나다에 갔다는 그녀가 얼마 지나 한국에 왔다며 연락이 와서 만나게 되었는데 완전히 딴사람이 되어 있었습니다. 캐나다 여행을 갔다가 리한나가 온다는 얘기를 듣고 클럽에 갔다가 관계자 하나와 친구가 되었답니다. 그에게 전 세계 아울렛에 옷을 유통하는 친구를 소개받아 그를 도와 세계를 누비며 여행을 하고 일을 하며 돈을 벌게 되었다고요. 하지만 더 신기한 건 그녀의 말이었습니다. 지금의 삶이 원래 그렇게 살았던 것처럼 왠지 익숙해서 자신이 전생에 외국인이었을지도 모른다는 말에 둘 다 웃음이 터졌지만, 그건 아마 그녀가 그런 자신의 모습을 수백, 수천 번 상상했기 때문일 겁니다.

우리 뇌는 상상과 현실을 구분하지 못한다고 합니다. 특히 더 구체적으로 상상하고 그 상상 속에서 어떤 감정을 느끼면 그게 현실에서 진짜 벌어지는 일이라고 느낀다고요.

《꿈을 이룬 사람들의 뇌》의 저자인 조 디스펜자 박사는 사이클 경기 도중 차에 치여 척추가 여섯 군데나 부러지는 사고를 당해 다시는 걸을 수 없다는 판정을 받았습니다. 하지만 매일 일어나 걷는 걸 상상하면서 뇌의 치유력을 통해 12주 만에 걷게 되었고 전 세계인들에게 이 뇌의 힘을 전파하고 있습니다.

상상의 힘이 그렇게 강력하냐고요? 보통 사람들이 암 판정을 받으면 죽음과 연관된 감정을 떠올리고 병실에 누워있는 자신을 상상하게 됩니다. 그리고 어제까지도 멀쩡히 걸어 다니던 사람이 맞나 할 정도로 급격히 몸을 가누지 못하게 되는 경우가 많습니다.

불치병을 극복한 사람들의 이야기를 들어보면 그들은 마치 더 건강한 사람이 된 것처럼 행동합니다. 병에 대한 얘기로 그들에게 부정적 영향을 끼치거나 감정의 파동을 보내지 않게 하려고 주변에 알리지 않는 건 물론, 건강한 사람들의 식단을 배우고 걷고 뛰고 춤추고 더 많이 웃습니다. 그러다 뇌가 '어! 나 진짜 건강하네!' 하며 완전히 속아 넘어가게 되고 불치병도 흔적이 없어지는 경험을 했다고 합니다.

지금은 아무도 믿지 않지만 늘 몸이 약했던 은총씨도 이 상상의 힘을 알고부터 어디가 안 좋고 아파질 때면 '명현현상이다. 좋아지고 있는 과정이야' 하며 스스로 말해 주었습니다. 그 후엔 이상하게도 점점 더 아픈 일이 줄고, 오히려 나이가 들수록 더 건강하다고 자주 느끼게 되었으며, 병이 나도 빨리 회복되는 경험을 하고 있습니다.

오늘은 자신의 상상과 놀아보세요.

상상 속에서는 무엇이라도 될 수 있습니다.

공주도 될 수 있고, 저세상 멋진 배우와 키스도 할 수 있죠.

당장에 가고 싶은 곳에 갈 수 있고, 갑질도 마음껏 할 수 있습니다.

돈도 들지 않으니 좋은 상상을 하고 안 이루어진다 해도 무조건 이익입니다.

거기다 이루어지기까지 한다면 그건 덤이랍니다.

그러니 이 행복한 작업을 지금 당장 시작해 보세요.

당당히 달라고 하고
기대하라

초등학교 때 우유 급식이 있었습니다. 한 달 치 돈을 내고 우유를 하루에 한 개씩 받아먹는 건데, 우유가 배달되면 경쟁적으로 아이들이 몰려들어 항상 맨 끝에 하나가 모자라거나 했습니다. 경쟁해서 받는 것이 싫었던 내게는 찌그러지고 터진 우유가 돌아오거나 아예 못 먹곤 했죠.

선물을 받을 때도 자신이 원하는 색이나 디자인이 있다면 서둘러 줄을 서고 달라고 해야 합니다. 그렇지 않으면 마음에 안 드는, 마지막에 남은 것이 내 차지가 되고 맙니다.

멋진 친구와 우정을 나누고, 최고의 남자 혹은 여자와 사귀고 함께 성장할 수 있다고 믿나요? 풍요가 넘치고, 매일이 기쁨에 넘치고, 건강하고 에너지가 넘치는 몸을 가질 수 있을 거라 믿고 있나요?

그런 게 있었으면 좋겠다는 걸 넘어서서 당당히 '나는 받을 자격이 있고, 내 거니까 주시오'라고 해야 합니다. 있었으면 좋겠지만 그런 게 내 차지가 될까 하는 생각으로는 평생 가질 수 없습니다. 가질 사람이 다 가지고 혹시 남은 게 있으면 나한테 돌아오려나 하다가는 찌그러지고 터진 우유나 받든지 아예 내 몫을 못 받을 수도 있습니다.

진짜 자신이 그런 걸 가질 가치가 있냐고요?
예, 있습니다.
단지 자신이 그런 가치가 있는 존재임을 깨닫기만 하면 됩니다.

세상이 불공평하고 부모가 다르고 가진 역량도 다르지만, 우주 앞에 신 앞에 우리가 공평한 단 한 가지가 있습니다. 우리 모두가 '사랑'이라는 겁니다. 그리고 사랑은 모든 것을 가능하게 하는 세상에서 가장 강력한 자석이라는 겁니다.

우리는 신이 눈동자처럼 아끼고 사랑하는 존재들입니다. 이 사랑으로 우리는 돈도 사람도 행복도 원하는 거라면 무엇이든지 얻을 수 있습니다. 누구든 더 많은 걸 더 깊이 사랑할 수 있는 사람이 더 많이 얻을 수 있습니다. 그러니 어떤 면에서는 우리는 누구나 공평한 존재들입니다.

이 세상의 모든 길은 그 한 가지 진리를 깨닫는 하나의 길로 이어져 있습니다. 그러니 걱정 말고 당당히 될 수 있는 최고로 좋은 걸 바라고 소망하고 요구하세요.

사랑으로 가득 찬 가슴으로 말입니다.

원하는 것만을 가지려면!

많은 사람들이 돈 없는 게 싫다, 빚이 싫다, 가난이 싫다는 생각에 사로잡혀 있습니다. 벗어나려고 애를 쓰지만 쉽지 않은 이유는 가난이 싫다, 빚이라면 지긋지긋하다 하면서 하루 종일 가난이나 빚을 생각하고 있기 때문입니다. 이런 마음으로는 머릿속이 하루 종일 결핍감에 절어 있어 사실상 밑 빠진 독에 물을 붓고 있는 셈입니다.

또 하나 부자가 되는 데 가장 효과가 떨어지는 방법은 '부자가 되고 싶다' '돈이 많고 싶다'라고 하는 겁니다. 《하느님과의 수다》에서 사토 미쓰로는 재미있는 이야기를 해줍니다. 우리가 생각하는 대부분의 것들은 우주에 주문이 들어가 이루어지게 되어 있는데, '~하고 싶다'라고 소원을 빌게 되면 우주는 이미 이루어진 상태가 아니라 '~하고 싶다'는 상태를 계속해서 만들어준다는 겁니다.

그러면 내가 원하는 것만을 갖도록 하는 방법은 무엇일까요? 이루지 못한 것, 싫은 것 대신 원하는 것, 되고 싶은 것만을 하루 종일 생각하며 그 느낌을 느끼는 겁니다. 이 느낌을 느낀다는 것은 이상하게도 마치 내가 이미 무언가를 가지거나 된 것 같은 행동을 하게 합니다.

함께 댄스를 하던 수줍음 많은 동생이 있었는데 '예쁘다' '잘한다' 하는 칭찬을 하면 늘 홍당무처럼 빨개진 얼굴을 가리면서 부끄러워하고 말도 잘 못했습니다. 그랬던 그녀가 댄스 지도자 교육을 받으면서 당당히 자신을 표현하며 리더의 느낌을 주기 시작했고, 선생님의 자리에 서서 멋지게 자신의 역할을 해내었습니다. 그런 그녀가 너무 신기하고 멋져 마음속으로 그녀의 성장을 열렬히 응원하게 되었습니다.

어떤 자리가 주어지면 사람은 그 자리에 걸맞은 행동을 하게 됩니다. 그래서 내가 원하는 사람이 되었을 때, 원하는 무언가를 가졌을 때의 느낌을 자꾸 상상하게 되면 이미 그것을 가진 것처럼 행동하게 되고 그 행동에 걸맞게 원하는 것도 성큼 가까이 오게 됩니다.

그런데 이상하게도 우리는 원하는 게 있으면 자꾸 그것을 갖지 못해 속상한 마음이 먼저 듭니다. 또 이미 가진 사람과 나를 비교하며 못 가진 나는 가질 자격조차 없다는 열등감까지 가집니다. 이런 감정을 계속 느끼는 한 우리는 원하는 것 대신 원하지 않는 것만을 계속 달고 다닐 겁니다.

은총씨는 뭔가 꼭 갖고 싶은 물건이나 가까이 하고 싶은 사람이 있으면 사진을 찍어 자주 들여다보며 가진 느낌이나 친해졌을 때의 바이브를 상상해 보곤 합니다. 사실 그래서 생각지 못하게 크게 할인을 받거나 선물을 받은 물건도 많고, 결국 친한 지인이 된 사람도 몇 있습니다. 그 전에 그들의 사진을 바라보며 친해지고 싶다 했던 건 비밀이에요. 나를 갑자기 이상한 여자로 여겨 멀리할 수도 있으니까요.

행복한 부자는 고독과 가장 친하다

상투를 잡아본 적이 있나요?

혹시 '나 상투 전문이요~' 하고 계신 건 아니겠죠?

어릴 적 은총씨는 자기만의 세계에 늘 빠져있는 타입이라 뭔가 정보가 있으면 제일 늦게 알거나 모른 채 넘어가는 편이었습니다. 학교 다닐 때는 혼자 신주머니를 앞뒤로 흔들며 집으로 돌아오는 길에 우르르 몰려다니는 친구들이 떠들고 지나가는 걸 보면서 한없이 부러워하곤 했는데, 그게 투자에 장점이 될 줄은 생각지도 못했습니다. 명리학에서는 이런 성질을 '편인'이라고 하는데, 위험자산을 다루는 투자시장에서는 오히려 이런 특성을 가진 이들이 유리합니다.

뉴스에서는 맨날 뭐가 좋다고 떠들어대고 사람들은 무슨 소문을 듣고 몰려다니곤 하지만 사실 소문이 무성한 곳에는 먹을 것이 없습니다. 우르르 몰려다니는 그 친구들을 애써 쫓아가 섞여 보아도 사실 생각만큼 큰 재미는 없는 것처럼 말입니다. 괜히 친해지려고 나대다가 따돌림당하지나 않으면 다행입니다.

투자 세계에서는 그러다 상투를 잡고 끝물에 설거지를 떠맡게 됩니다. 투자의 세계에서 자신만의 방법으로 돈을 벌거나 지키는 이들은 고독한 사람들입니다. 그들은 스스로 살아남을 궁리를 하면서 배우고, 자신만의 일지를 써서 오답노트를 만들고, 잡초를 뽑고 씨앗을 뿌리며 자신의 정원을 하루하루 키워 나갑니다. 그리고 소문이 무성해 사람들이 많이 모여 웅성웅성한 곳은 멀찍이서 구경만 하면서 '사람들 다 가고 나면 건질 게 있나 둘러봐야지' 합니다.

인생에서 어떤 일도 고독 없이는 성장하지 못합니다. 몸 관리 하나도 스스로 계획을 세우고 포기하지 않을 이유를 끊임없이 찾아가야지 '우리 같이 해보자' 하다가 누구 하나가 게으름이 나서 포기하면 같이 해이해지기가 쉽습니다. 고독을 즐기는 일은 자신을 알아가는 과정입니다. 그리고 거기서 시작해야 진짜 자신을 키워가고 지켜내는 힘을 키울 수 있습니다.

투자에서는 정말로 철저히 혼자의 힘을 키우는 일이 중요합니다. 남이 뭐라든 자신의 의지대로 자산을 지켜낼 결심을 하고 관리해 내는 건 어려운 일은 아닌 듯하지만 어렵고, 당장은 소소해 보이기도 하지만 위대한 일입니다. 표면적으로는 돈을 관리하는 것뿐이지만 용기와 절제, 외로움과의 싸움, 희망을 바라보고 당연하게 여겼던 모든 것에서 감사와 사랑을 배우는 일까지를 다 포함하고 있으니까요.

그러니 오늘은 혼자되는 일을 두려워하지 마세요.
자신을 많이 들여다보고 자신과 많이 놀아봐야 자신을 더 깊이 알고 더 멋지게 키워낼 수 있습니다.

피해의식과 투자

'피해의식과 투자가 무슨 상관이지?'라고 생각하셨을지도 모릅니다. 하지만 이 피해의식은 관계뿐 아니라 투자에도 심 각하게 영향을 끼치는 중요한 포인트입니다.

10년, 20년, 30년 된 고수들이 즐비하게 하나의 링에서 경 기를 하는 곳이 투자시장입니다. 그런데 사람들은 아무 지식 도 기술도 없이 무모하게 뛰어들어 잘되지 않으면 어떤 세력 이나 외부 상황이 심각하게 피해를 줘서 실패했다며 자신이 큰 피해자인 것처럼 떠들고 다닙니다.

우리가 돈이나 사람을 끌어당기는 데 심각한 장애물을 만 날 때마다 크게 좌절하고 쉽게 포기하게 되는 건 스스로를 피 해자라고 설정해 놓은 우리 뇌의 세팅 때문입니다. 이는 마치 축구 선수들이 즐비한 축구경기장에 준비운동도 없이 뛰어들어 우연히 공을 잡아 뛰다가 매일 훈련으로 단련된 선수에게 쫓겨 넘어져 발을 삐고는 주저앉아 '축구공 때문이다' '잔디 때문이다' '저 선수가 나를 넘어뜨리려고 공격했다'면서 경기를 스스로 포기해 버리고 다신 운동장 쪽을 바라보기도 싫어하는 것과 같습니다.

경기를 보며 응원할 때는 자신이 그 고수들 중 하나라도 된 것처럼 '이렇게 하면 될 텐데 왜 저렇게 못할까' 하며 훈수를 두다가도 막상 운동장에 들어서면 철저히 초보인 자신을 인정하기가 괴로워 남 탓과 변명 안에 숨어버리는 겁니다. 대부분의 사람들이 이런 피해의식 속에 갇혀서 스스로를 제한하고 성장의 기회를 외면해 버립니다.

하지만 이런 자신의 피해의식을 깨우쳤다면 이제 뛰어가는 기회의 머리카락을 붙잡을 수 있습니다. 가장 희소식은 투자시장도 인생처럼 초보라고 운동장에 설 기회가 아예 없는 건 아니라는 겁니다. 먼저 몸을 풀고 준비운동을 하며 운동장 끝에서 고수들의 움직임을 관찰하고 하나하나 따라 해보며 자신만의 강점·약점을 알아갈 수 있습니다. 그러다 기회가 되어 공을 만져볼 수도 있고, 뺏기고 뺏는 짧은 경험을 반복하면서 처음보다는 체력도 강해지고 더 나은 기술을 습득하기도 하고 잘하면 자신만의 필살기를 만들 수도 있습니다.

　은총씨가 처음 투자시장에 들어섰을 때 자주 눈여겨보던 것이 고수들이 하는 투자 루틴이었습니다. 어떤 고수는 매일 장 마감을 체크하는 루틴을 가지고 있었고, 어떤 고수는 매일의 투자흐름과 자신이 했던 투자들의 이유·감정을 기록하는 습관을, 또 어떤 고수는 매일 수십 개의 차트를 보며 차트 보는 기술을 성장시켜 왔다고 했습니다. 이것들을 하나하나 따라 해보며 은총씨의 필살기인 시장의 흐름을 읽는 것과 차트매매, 사이클 투자가 조금씩 만들어졌습니다.

　뭐든 자기 것이 되고 무엇이 자신의 성향에 가장 잘 맞는지를 알려면 어쨌든 시장에 많이 참여해야 합니다. 누가 나한테 공을 던져 넘어졌을 때 피해의식으로 시간과 감정을 낭비하는 대신 툴툴 털고 일어서서 다시 뛰어야 합니다. 그리고 무엇보다 서툴고 모자라고 답답한 자신도 받아들이고 안아줄 줄 알아야 합니다.

　처음부터 너무 심각하게 받아들이지 말고 그냥 가볍게 게임에서 포인트를 따고 잃는다고 생각해 보세요. 그리고 철저하게 패배하고 잃은 날은 자신에게 이렇게 말해 주세요.

"못하는 게 당연하지. 저들도 처음엔 나처럼 이랬을 거야. 하지만 내일은 모레는… 분명 다를걸! 왜냐하면 나는 매일매일 좀 더 잘 뛰는 법을 이렇게 배워가고 있잖아!"

회피전문가

많은 분들이 회피전문가라는 제목을 보고 '난데!' 하고 양심을 콕 찔리셨을 겁니다. 사실 여러분이기도 하고 이 은총씨이기도 합니다. 은총씨는 회피 무리를 이끄는 회피대장이랍니다. 지금도 회피하고픈 마음과 매 순간 매시간 싸우고 있고, 시시각각 이 회피라는 놈이 데리고 다니는 두려움이란 개가 고개를 들고 짖는 소리를 듣습니다.

내 인생이 롤러코스터를 타듯이 파란만장하지 않았더라면, 도저히 움직이지 않고 변화하지 않으면 살아남지 못할 만큼 모든 상황들이 나를 몰아붙이지 않았더라면, 나는 평생을 이리저리 도망 다니며 살았을 거라는 생각이 듭니다. 이건 비밀인데 지금도 투자에서 뭔가 안 풀리는 골치 아픈 날은 시원하게 밭갈이해 버리고 편하게 살까 생각할 때가 한두 번이 아니랍니다.

장은 인생보다 더 다사다난해서 매일 생각지도 못한 일이 펼쳐집니다. 투자 초기에는 전문가들의 전망이라는 걸 맹신해서 낭패를 본 적도 많았는데, 세상 똑똑하다는 사람들이 하는 대부분의 전망들도 맞는 게 없는 겁니다. 똑같은 일도 호재가 돼서 오르다가 갑자기 악재라면서 내리고 미친년 널뛰듯이 헷갈리게 하는 게 시장이라 좀 편하게 살고자 했는데, 왜 이런 데서 내가 이러고 있나 하면서 도망가고 싶어질 때가 한두 번이 아니죠.

드라마 〈허준〉에서 허준이 중요한 과거를 보러 가는데 마침 딱 그때 죽어가는 사람을 만나 그 사람을 모른 척할 수 없어 시험장에 못 가는 장면이 있습니다. 그도 신이 아니라 한낱 인간이기에 갈등을 합니다. 성장하는 과정에 있고 완성체가 아니라서 어쩔 수 없이 선택해야 하는 그 상황이 싫고 하필 그때 아픈 그 사람이 미웠을 겁니다.

은총씨도 한때 그런 운명을 한탄했고 저주했습니다. 힘든 건 피해가며 좀 편하게 얹혀살고자 했는데 운명이란 놈이 도무지 허락을 안 하는 겁니다. 성장하고 싶은 생각조차 없었는데 자꾸 삶이란 놈이 성장하지 않으면 살 수 없도록 몰아붙였고 그런 신이 너무도 야속하고 증오스럽기까지 했습니다.

하지만 이제 와 뒤돌아보니 이런 무기를 가지지 않았더라면 큰일 날 뻔했구나, 하는 생각이 듭니다. 이런 보물 같은 많은 것들도 알지 못했을 것이고, 매일 조금씩 더 나아지고 있는 나를 경험하지 못했을 겁니다. 내가 뭘 잘하는 사람이고 내가 누군지 조차 모른 채 그냥 '지루하구나' 하고 눈을 감았을 생각을 하면 아찔하기까지 합니다.

언젠가 '낙타가 태양을 피하는 방법'에 관한 글을 읽은 적이 있습니다. 사막에 사는 낙타는 한낮에 뜨거운 태양 아래 있어야 하면 오히려 태양을 향해 마주 본다고 합니다. 태양으로부터 얼굴을 돌리면 온몸이 뜨거운 태양 아래 노출되지만, 마주 보면 얼굴은 뜨거워도 몸에 그늘이 져 시원하다는 걸 알기 때문이라고 하죠.

삶의 여정은 누구나 걸어가야 할 사막이고 누구도 태양을 피해 갈 순 없습니다.

그러니 바로 지금 마주하세요.

자신의 그늘은 스스로가 만들어가야 합니다.

희망과 태만 사이

만약 여러분이 투자를 하고 있다면 부동산과 주식 중 뭔가를 하고 있을 겁니다. 어떤 물건이나 종목을 갖고 있겠죠. 하지만 처음에 잘 오르던 집값이나 종목이라 해도 언젠간 하락하는 일이 생깁니다. 그때는 부정적인 뉴스나 갖가지 나쁜 이벤트들로 도배되고 이미 평정심을 잃은 터라 검증을 해보지도 않고 물을 타거나 팔 시기를 놓치거나 실망에 빠지고 절망에 사로잡혀 턱도 없는 가격에 팔고 손해를 보기도 합니다.

늘 낙관적인 것을 보고 희망적으로 생각하는 건 좋은 일입니다. 하지만 경제위기 등 진짜 나쁜 시기가 눈앞에 닥쳐도 '이번엔 다를 거야' 하며 끝까지 자신의 주장을 굽히지 않고 사라지는 전문가들도 많이 있죠. 중요한 건 희망의 끈을 놓지 않고 있지만 현실을 똑바로 보고 있느냐, 눈을 질끈 감고 불안한 현실을 외면하는 '희망이란 허울을 쓴 태만'을 하고 있느냐입니다.

경제 상황이란 예측의 영역이 아닙니다. 너무 안 좋았다가도 극적으로 좋아지기도 하고, 나빴다고 생각했던 것들이 호재가 될 수도, 분명 좋은 소식인데 악재가 되기도 합니다. 그래서 중요한 건 늘 현실을 똑바로 보려고 해야 한다는 겁니다. 또한 좋은 상황, 나쁜 상황에 대한 대비를 하고 미리 계획을 세워보는 게 중요합니다.

투자시장의 고수들이 일지를 쓰는 건 막상 그런 상황이 닥치면 인간의 심리가 어떻게 작동하는지를 알기에 자신의 기록을 들여다보고 다시 생각해 볼 기회를 얻기 위해서입니다.

패닉상태가 되면 극단적이 되어 잘못된 결정을 하는 건 자신이 어리석어서가 아니라 인간이라면 누구나 그렇다는 것을 알고 미리 대비하는 겁니다. 어리석은 사람일수록 다른 사람의 어리석음을 비웃으며 자신은 그런 실수를 하지 않을 거라고 합니다. 하지만 막상 그런 일이 닥치면 제일 먼저 실수를 하고 그런 자신을 미워하면서 절망 속에 빠져 쉽게 헤어나지 못합니다.

인간이 원래 그런 상황에서는 그런 행동을 한다는 걸 알

HAPPY × (MONEY + POWER)

고 대비하게 되면 혹여 다시 실수를 하게 되더라도 자신을 탓하기보다 다음에는 그러지 않기 위해 배우고 장치를 마련하게 되지만, 자신은 그런 실수를 할 사람이 아니라고 믿는 사람들은 스스로 자괴감에 빠져 망가지고 포기하고 결국 아무것도 배우지 못하게 됩니다.

은총씨도 처음 주식을 시작했을 당시 사람들이 오르면 따라가서 상투를 잡고 내리면 패닉에 빠져 패닉셀링을 한다는 말을 듣고 바보라며 웃었습니다. 하지만 어느 날 보니 내가 그짓을 하고 있는 겁니다. 그런 경험을 하고 나서야 사람은 지성이 아니라 감정에 의존하는 성향이 있다는 걸 깨우쳤고 그때부터 일지를 쓰기 시작했습니다. 어떤 종목을 사면서 '왜 샀고' '어느 시점에 얼마나 팔 거고' '얼마 되면 손절한다'처럼 간단한 메모였습니다. 그러다 보니 충동적으로 팔고 싶거나 안 될 상황에서 붙잡고 있고 싶을 때, 물을 타고 싶을 때마다 그것들을 보면서 다시 마음을 다잡을 수 있게 되고 수익률도 그만큼 올라가게 되었습니다.

어떤 종목에 내 소중한 돈을 투자해 놓고 어떤 새로운 이벤트가 나오는지, 언제 얼마큼 팔아 얼마큼 챙길지 그런 생각조차 없다면 자신의 정원에 잡초 씨가 날라와 엉망이 되어도 방치하는 겁니다.

　돈을 벌고 싶은 희망만 있고 자신의 투자에 태만하다면 당
연히 큰 실패를 예약해 놓은 겁니다. 또한 큰 실패를 하고도 자
신의 태만함을 돌아보지 못한다면 똑같은 실패를 반복하는 결
과를 예약해 놓은 겁니다.

시기·질투 금지

과거에 같이 먹고 놀고 하던 한 친구가 무리에서 사라지더니 어느 날 몸짱이 되어 멋진 모습으로 나타났습니다. 그런데 무리 중 유독 한 친구가 불편한 심기를 드러내며 그 애를 뒤에서 욕하고 다니기 시작했습니다. 저렇게 먹으면 영양실조 걸린다, 살 빠지더니 더 늙어 보인다며 걱정의 탈을 쓴 시기·질투를 마구 뿜어내고 다녔습니다. 시기와 질투로 얼룩진 그 모임은 결국 공중분해 되었습니다. 몇 년 후에 유독 시기심을 드러내던 그 친구를 우연히 마주쳤는데, 살은 더 찌고 어디가 아파 병원에 다녀간다며 힘들어하는 모습이었습니다.

한 번씩 가까이 지내던 누군가가 자수성가해서 나타나는 일이 있습니다. 그런데 유독 어린 시절 그가 코찔찔이에 바보 같았다며 분명 나쁜 방식으로 졸부가 되었을 거라 떠들어대며 뒤에서 심기를 불편케 하는 사람이 있습니다. 하지만 그런 사람이 잘되는 경우는 없습니다. 부자가 되거나 어떤 방면에서 두각을 나타낸 친구나 지인을 곱지 않은 시선으로 보는 건 자신은 결코 그런 사람이 되고 싶지 않다는 뜻을 이 우주에 강력하게 보여주는 것이기 때문입니다.

항상 몸이 안 좋다는 후배에게 운동에 관한 조언을 해준 일이 있는데, 그녀는 오히려 운동하는 나나 안 하는 자신이나 별 차이 없다며 비아냥거리곤 했습니다. 그리고는 뒤에서 안 좋은 소리를 하고 다녔는데 몇 년 후 건강이 나빠져서 모임에도 나오기 힘들다는 소식을 전했습니다.

시기와 질투는 당장은 그 사람을 깎아내리기에 시원한 기분이 될 수 있을지 모르지만 결국 자신을 더 나은 사람이 되지 못하도록 막는 장애물이 됩니다. 그리고 그런 마음을 속에 품은 채 아닌 척, 걱정하는 척하는 건 더 자신을 망칩니다.

사람은 누구나 시기심과 질투심을 갖고 있습니다. 그래서 나는 오히려 이런 감정이 일어나면 겉으로 드러냅니다. 너무 돈을 잘 벌어서, 너무 잘돼서, 운이 좋아서, 너무 멋있어서 질투가 나고 나도 그런 사람이 되고 싶다고 합니다. 이런 감정을 내 성장의 동력으로 쓰는 겁니다. 너무 멋지다, 그러니 나도 그렇게 되고 싶다, 알려달라면서 찬양을 아끼지 않습니다. 그러면 그 사람에게 가던 운이 내게도 빛을 비춰줍니다. 내가 그렇게 되길 바란다고 우주에 주문을 넣고 있기 때문이죠.

엉덩이가 예쁜 걸로 유명한 미국의 스타인 킴 카다시안은 패리스 힐튼의 사생활을 보여주는 다큐멘터리에서 힐튼을 예쁘다 멋있다 잘한다 하면서 뒤치다꺼리를 해주는 친구였습니다. 다른 사람들은 패리스 힐튼 시녀냐며 그녀를 욕했지만 킴은 그녀를 잘 보좌하며 자신의 역할을 잘 해냈고, 마침내 유명한 스타로 패리스 힐튼 못지않은 스포트라이트를 받게 되었습니다. 그건 남들이 뭐라든 그녀 스스로가 그 역할을 자신의 성장동력으로 바라보고 잘 수행해 냈기 때문입니다.

풍요와 돈을 갖고 싶다면, 누리고 싶다면 이미 누리고 있는 사람을 가까이하고 맘껏 질투한다고, 멋있다고, 나도 갖고 싶다고 하세요. 그러면 어느새 거기에 성큼 가까이 다가간 자신을 경험할 수 있을 겁니다.

자존감과 자존심

자존심은 스스로가 과거에 세운 신념이 지금은 제대로 작용하지 않는 줄 알면서도 고집을 부리는 겁니다. 자존감이 있다는 말은 스스로의 부족함, 잘못된 선택도 껴안을 줄 알게 되고 새로운 신념을 받아들여 더 효과적인 방법으로 다시 시작할 수 있는 힘이 내면에 있다는 말입니다.

자존심은 마치 하느님의 자리를 넘보다 악마가 된 루시퍼와 같습니다. 자존심이 강해지면 완벽해지려고 스스로를 괴롭힐 뿐만 아니라 다른 사람의 부족한 점조차도 참지 못하게 되고 미워하게 됩니다. 그러나 자존감은 스스로 신이 아니라 인간임을 인정하고, 그럼에도 불구하고 있는 그대로 사랑받을 수 있음을 알게 되는 겁니다. 그러면 자연스럽게 다른 이의 부족함도 사랑할 수 있게 되어 오히려 신의 모습에 더 가까이 닮아가게 됩니다.

HAPPY × (MONEY + POWER)

투자시장에서 오래 살아남기 위해서도 이 자존감이 중요합니다. 투자시장에서도 인생에서처럼 때로는 자신이 세운 원칙이 잘못됐음을 인정하고 받아들여야 합니다. 사람이 제일 싫어하는 게 변화인데 우리 인생을 닮은 투자시장의 환경들은 변화할 수밖에 없는 속성을 가지고 있어서 싫지만 이걸 받아들이고 매 순간 새로운 환경에 적응하는 사람만이 이 변화무쌍한 투자시장에서 게임을 계속 이어나갈 수 있습니다.

제가 존경하는 투자자 박세익 님을 〈삼프로TV〉에서 처음 알게 되었는데, 어떤 예측을 하는 발언을 했다가 예측이 빗나가자 담담히 자신의 오류를 인정하는 걸 보고 존경심을 품게 되었습니다. 매일매일 달라지는 카멜레온보다 변화무쌍한 투자시장에서 어떤 훌륭한 전문가의 뷰도 자주 틀리는 게 정상이지만 그렇게 시원하게 인정하는 일 또한 드물기에 그분이 더 멋지게 느껴졌나 봅니다.

은총씨도 원래는 비트코인이나 이더리움 같은 코인에 대해 회의적인 입장이었습니다. 각 나라의 중앙은행 디지털화폐가 나오면 당연히 없어질 거라 믿었던 거죠. 그래서 몇 년 전까지만 해도 자주 이 코인들에 반대하는 포스팅을 하곤 했습니다. 하지만 비트코인에 대해 지속적으로 관찰하고 조금씩 알아간 결과 없어지지 않을 중요한 자산의 한 부분이라는 생각으로 바뀌었고 그때부터 비트코인과 이더리움을 사들이기 시작했답니다.

자신이 잘못 알았다든가 뭔가를 모른다는 사실을 들키는 건 우리 모두가 참 인정하기 싫은 겁니다. 그래서 우리는 모두 그렇게 핏대를 세워가며 변명하고 남 탓을 하는 겁니다. 은총 씨는 가끔 자존심에 상처를 받아 자괴감이 들 때 뉴턴의 말을 생각합니다.

어떤 사람이 뉴턴에게 어떻게 그렇게 많은 걸 아냐고 했더니 뉴턴이 이렇게 말했습니다.

"내가 아는 건 저 망망대해의 한 섬에 불과하다."

세상은 넓고 우리가 안다고 생각하는 건 너무도 미미하며, 그조차도 불확실하기에 모른다고 인정하는 건 결코 부끄러운 일이 아니라 오히려 스스로와 상대의 마음을 열게 하는 부와 행복의 열쇠꾸러미 속의 작은 열쇠 같은 겁니다. 그러니 언제든 귀를 열고 마음만 열면 자물쇠를 열고 들어가 보물 같은 많은 것들을 배울 수 있다는 걸 명심하세요.

말의 힘

'말은 사명을 다하고 돌아온다'는 말이 있습니다. 이 말을 듣게 된 게 학창시절쯤이었던 것 같은데, 처음 들었을 때 무척이나 무서웠던 기억이 납니다. 나의 입에서 나간 말이 생명을 가지게 돼서 그 말뜻대로 다 이루어지고서야 돌아온다는 말이 섬뜩하게 느껴졌습니다. 그리곤 그동안 뱉은 나쁜 말, 저주의 말, 미운 말 같은 것들이 차례로 머릿속에 떠올랐답니다.

생각해 보면 엄마와 싸우실 때 아빠가 화가 많이 나시면 서운한 분노를 표현하며 '다 망해 먹어라!' 하고 소리치시곤 했는데, 이후 진짜 두 분이 경영하시던 회사가 넘어가 온 가족이 고생하는 일이 생겼죠.

맨손으로 시작해 몇천억이란 자산을 굴리는 한 선배는 입만 열면 "나 아는 모든 사람은 잘돼야 한다"고 했습니다. 우리가 남에게 하는 축복의 말은 그가 받을 그릇이 되면 그에게로 가 그를 도우며 더 커져서 내게 돌아오고 그가 받을 그릇이 안 되어도 내게 다시 돌아와 내게 축복이 됩니다.

자수성가로 큰 부를 이룬 일본의 한 작가는 아침에 길을 나서면서 '여기 있는 모든 사람에게 행운이 산사태처럼 쏟아집니다'라고 매일 말한 이후로 진짜 행운과 돈이 밀려왔다고 했습니다. 어렸을 때 할머니가 항상 '우리 은총이는 참 복이 많다' 하는 말을 입버릇처럼 해주셨는데, 살아오며 힘든 고비도 많았지만 생각해 보면 그때마다 늘 솟아날 구멍이 생겨나곤 했습니다. 그래서인지 지금도 내 복이 나를 지켜주고 있을 거라는 믿음이 마음속 깊이 자리 잡고 있습니다.

말의 힘은 너무도 많은 사람들이 이야기했기에 중요성이 얼마나 큰지 여러분도 알고 있을 겁니다. 생각해 보면 고수들 중 말이 많거나 말을 함부로 하는 사람은 없습니다. 절에서는 묵언수행이라는 걸 하며 정진하는데, 하루 아니 반나절이라도 말을 안 하고 있어 보면 우리가 얼마나 하지 말아야 할 쓸데없는 말, 자신의 에너지를 떨어뜨리고 용기를 잃게 만드는 말을 많이 하는지 알게 될 겁니다.

소크라테스는 다음 세 가지 이유가 있을 때만 말을 했다고 합니다.

'사실인가.'

'서로를 즐겁게 하는가.'

'서로에게 도움이 되고 이익이 되는가.'

또한 우리는 자신이 습관적으로, 무의식적으로 자주 사용하는 말들이 스스로의 인생을 힘들게 하는 데 커다란 몫을 하고 있음을 깨닫지 못하고 있습니다. 학창시절 좋은 일이 있거나 나쁜 일이 있거나 '재수 없어!'를 입에 달고 다니는 친구가 있었습니다. 그녀와 같이 다니다가 한동안 '재수 없어!'가 입에 붙었는데 모든 경험마다 '재수 없어'라는 꼬리표를 붙이다 보니 내게 일어난 모든 일이 재수 없는 경험이 되고 매일 재수 없는 일이 끊이지 않는 것 같았답니다.

삶에서 우리가 사용하는 모든 말들은 일어나는 상황에 갖다 붙이는 감정의 꼬리표입니다. 옷에다 가격표를 딱 붙이듯이 어떤 사건에 '재수 없어'라는 꼬리표를 딱 붙여놓으면 실제로 그 사건이 결국 좋은 결과를 가져왔다 해도 부정적인 꼬리표가 붙은 나쁜 경험이 됩니다.

일본 작가 사이토 히토리는 어떤 골치 아픈 일이 일어났을 때 골치 아프다, 힘들다는 말 대신 '거 참 재미있네'라고 말한다고 합니다. 말 한마디 했을 뿐인데 그 골치 아픈 사건은 결국 나를 성장시켜 주는, 내가 극복할 수밖에 없는 흥미진진하고 재미있는 경험으로 바뀌게 됩니다. 또 알리바바의 마윈 회장도 골치 아픈 문제를 만나 속이 썩을 때 이렇게 말한다고 합니다. 속이 썩어 문드러진다, 골이 깨지려고 한다 같은 말 대신 '참… 마음이 편안하지 않네…' 하고요.

그러고 보면 나름대로 자기 자리에서 성공이란 이름을 가진 이들이 말하는 걸 들어보면 습관적으로 부드러운 단어들을 씁니다. 예를 들면 '짜증 난다' '열 받는다' '뚜껑 열린다' 같은 말 대신 '조금 성가시네' '안타깝네' '조금 속상하네' 같은 말로 에둘러 사용합니다. 그래서 순간의 격한 감정을 생각 없이 바로 꺼내놓았다가 상황이나 관계를 망쳐버리는 일이 없어지고 지나고 나서도 스스로 '잘했다!' 하며 좋은 경험으로 남을 수 있게 됩니다.

《네 안에 잠든 거인을 깨워라》를 쓴 앤서니 라빈스는 이렇게 언어를 바꿔서 감정의 강도를 조절해 품위와 관계를 지키고 상황을 개선할 뿐만 아니라 경험조차 바꾸는 어휘를 '변형 어휘'라고 했습니다. 우리가 하는 매 순간의 어휘 선택들이 바꾼 상황과 관계의 경험이 모여 결국 운명조차 바꿀 수 있는 커다란 물결이 된다고 했습니다. 또한 미국에서 가장 큰 교회를 일군 조엘 오스틴 목사는 '우리가 하는 말은 자신에게 하는 예언'이라고 했습니다.

그러니 오늘은 잠시 멈춰서서 이 중요한 작업을 해봅시다.

지금 이 순간부터 자신이나 상대를 이롭게 하거나 행복하게 하는 말이 아니면 아예 입을 닫겠다고 결심해 보세요. 결심을 한다는 건 자신에게 약속하는 일입니다. 스스로 약속을 하고 지켜가는 사람은 자부심이 생기고, 그 자부심은 스스로 자신을 괜찮은 사람이라 느끼게 해주고 자존감이란 친구로 태어나 다시 그를 지키게 됩니다. 그러니 이 중요한 일을 오늘 당장 시작해 보세요.

사기는 왜 당할까

사기당해 본 경험이 있나요?

그 새끼 그년을 생각하면 아직 속에서 천불이 올라오나요?

과똑똑이에 어리숙한 구석이 있는 은총씨도 살면서 몇 번이나 사기를 당했답니다. 당시는 돈도 돈이지만 믿었던 사람에게 내 자신이 바보 같은 멍청이로 느껴지고 이용당했다고 생각하면 죽고 싶은 심정이 되곤 했죠.

2023년 한때 뉴스를 떠들썩하게 장식했던 한 미녀 스포츠 스타가 재벌을 사칭하는 남자인지 여자인지 모를 사람에게 사기를 당했다는 소식이 뭇사람들 입에 오르내렸습니다. 사람들은 바보처럼 그런 거에 당하냐며 웃음거리로 삼았지만, 나는 몇 번을 바보처럼 사기당한 경험을 떠올리며 입을 꾹 다물 수밖에 없었습니다.

사실 사람이란 누구나 힘들이지 않고 뭔가 좋은 걸 좀 얻으려 하고, 저질러 놓고도 대가를 피하고 싶어 하고, 노력하지는 않았지만 그래도 돼지꿈 꾸면 횡재수가 있지 않을까 하는 기대를 마음 한편에 갖고 있습니다. 특히나 견디기 힘든 시기가 오면 썩은 동아줄인 줄 알면서도 그거라도 잡고 싶은 심정이 되어버리곤 하는 게 우리 인간들이기에 사기꾼들이 마음만 먹는다면 아무리 자신이 똑똑하고 철두철미하다고 믿는 사람도 이를 피해 갈 수는 없습니다.

알고 보면 자신의 속마음에 있는 이 공짜로 뭘 좀 얻으려는 마음을 이 사람들이 와서 꺼내주는 역할을 하는 겁니다. 그래서 이때 우리가 해야 할 일은 당했다고 괴로워하면서 그를 원망하기보다 이룬 것도 없이 욕심냈던 탐욕스러운 내 마음, 하늘을 살짝 속여 공짜로 뭘 좀 얻으려고 했던 구린 바람, 검증도 없이 아무나 내 안에 들인 어리석음 같은 것들을 보는 겁니다. 이것들을 보고 '내가 그랬구나' 하며 자신 안에 숨겨진 악습이란 악마를 몰아내기 시작하는 연습을 한다면 그때 잃은 돈이 도둑맞은 아까운 돈이 아니라 더 크게 얻기 위한 투자금으로 바뀌기 시작합니다. 그리고 그다음엔 그 투자금을 바탕으로 진짜 내 것이 될 돈들, 사람들이 내게 붙기 시작합니다.

큰 병에 걸리거나 큰 실패를 해보면 좋은 점 한 가지가 그때야 진짜 가짜가 구별되는 겁니다. 그동안의 가짜들은 다 떠나고 진짜배기들만 내 곁에 남게 됩니다. 은총씨가 너무 좋아하는 지인인 김 여사는 남편이 아무것도 없는 시절에 만나 함께 기업을 일구어 회장님의 아내가 된 대장부 같은 사모님입니다. 이 언니한테 반한 사건이 있었어요. 언니가 큰돈을 사기당했는데 제주도로 도망간 그 사기꾼한테 명절선물까지 보내주는 겁니다. 그래도 고마운 점도 있고 이 일을 통해 배운 게 많았다면서요. 그 말이나 태도가 참 충격적이기도 했지만, 그런 신선한 생각 옆에 있는 것만으로도 함께 있는 나도 더 나은 사람이 되어가는 느낌이어서 자꾸 그녀에게 빠져들 수밖에 없었답니다.

투자시장에서 돈을 잃고 따는 일도 알고 보면 우리가 나쁘거나 좋다는 이름표를 붙였을 뿐입니다. 실력 없이 재수로 한때 돈을 딴 일이 나를 교만하고 무모하게 만들어 더 큰 손실로 이어지게 할 수도 있고, 큰 손실로 괴로워했던 이벤트로 인해 자신을 돌아보고 더 큰 배움을 얻어 다음 투자의 커다란 성공으로 이끌어줄 수도 있죠.

그러니 이젠 어떤 일이건, 남을 보기보다는 자신이 거기서 무엇을 얻을 수 있을까를 생각하는 진정한 투자 마인드를 키워 보세요. 그런 마인드가 내 깊은 곳에 박히면 박힐수록 어떤 곳에 투자된 마음이건 사람이건 돈이건 실패건 손실이건 사기조차도 다 결국은 커다란 이익으로 돌아올 테니까요.

감정도 매 순간
적극적으로 선택해야 한다

처음 종잣돈을 만들 당시 아끼기로 결심하고 전기세니, 식비, 생활비, 콩나물값까지 아끼면서 지독하게 가난한 길을 선택하다 보니 한 번씩은 이리 살아 뭐하나 하는 비참한 기분이 들었습니다. 어느 정도 돈이 쌓였을 땐 목표를 위해 가족들에게 구두쇠 짓 하는 것도 못 할 짓 같아 스스로 자괴감도 들었고요.

그러던 그때 엄청난 구두쇠 생활로 나름 자수성가 부자로 거듭난 분이 아침 방송에 나와 이야기하는 것을 듣고 한 가지 깨달은 게 있었습니다.

그때까지만 해도 나는 쓰지 못하는 생활이 부끄럽고 비참해 자괴감 드는 결핍감에 사로잡혀 있었는데, 이분은 그 구두쇠 같은 하나하나의 행위를 마치 게임에서 레벨을 올리려고 따먹는 점수처럼 신나게 하고 있다는 사실을 알고 충격을 받았습니다.

요즈음도 유튜브에 제법 많은 구독자를 가지고 있는 '정가거부'라는 분이 있는데 가장 싼 물건 고르기, 쿠폰 따먹기, 공짜이벤트 찾아다니기 등을 하며 절약에 재미를 주는 걸 보고 가끔 옛 생각이 나기도 합니다.

어쨌든, 그때서야 절약보다 더 중요한 사실을 알았습니다. 어떤 선택을 하든 그 선택이 최고의 효과를 얻기 위해서는 감정도 함께 선택해 나가야 한다는 사실입니다. 그 사실을 깨달은 후 절약하는 일이 너무도 재미있어졌습니다.

나름의 포인트를 쌓는다고 생각하며 불을 끄고 물을 아끼고 낮에 에어컨 전기세를 아끼러 은행에 가서 앉아 있는 일도 카페라고 생각하며 재미를 붙였습니다. 그러다 누가 뭐라 해도 통장에 돈이 있으니 별로 화도 나지 않았고, 결핍감을 내가 하는 일에 대한 자긍심으로 바꿔 선택하니 매사에 재미가 붙고 돈도 훨씬 더 잘 모였답니다.

절약을 하면서 괴로운 생각이 든다면 그럴 때마다 이 사실을 기억하세요. 감정도 느낌도 항상 선택할 수 있고 정작 이 선택을 잘하는 게 더 중요하다는 사실을 말입니다.

오늘부터 명품 백, 비싼 차를 타고 나타난 친구를 보고 그렇지 못한 내가 속상하다면 그 감정을 '18! 나는 그 돈 안 쓰고 모아서 부자 될 거다!'라고 바꿔 18적금(카카오뱅크에 진짜 있음)에 저금을 하든지 명품에 투자하는 ETF, 포르쉐나 페라리 주식을 사면서 시원하게 해소해 보세요. 야금야금 모아가면 가방 열 개 살 돈이 생각보다 빨리 생길 수도 있습니다. 그리고 무엇보다도 차주보다 자동차회사 주주가 훨씬 있어 보이잖아요.

돈에 깃든 마음

책《더 해빙》에는 돈을 끌어당기는 해빙과 낭비의 차이에 대한 아주 쉬운 설명이 나옵니다.

남은 삶이 24시간분이라고 가정했을 때는 돈을 아낄 필요가 없으니 아무렇게나 다 써버릴 거고 돈을 쓰면서도 하나도 기쁘지 않을 것이기에 돈에 이런 마음이 담겨 있다면 낭비입니다.

또한 연봉이 크게 오를 걸 기대하고 소비할 때는 돈을 쓰면서도 신이 나고 더 여유롭게 베풀게 되는 마음이 돈에 깃들어 그 마음이 계속해서 돈을 불러들이는 거라고 합니다.

푸름이 아빠 최희수 님의 유튜브에서 그가 어릴 적에 자주 굶어서 음식을 보면 허겁지겁 먹고 자신도 모르게 과식을 하는 바람에 결국 당뇨를 얻었다는 말을 들은 적이 있습니다. 가난한 돈에 깃든 마음은 마치 이런 마음처럼 돈이 들어오면 다시는 이런 돈을 가지지 못할 거 같아 불안한 마음으로 어디에 쓰는지도 모른 채 정신없이 써버리는 것과 같습니다.

은총씨의 큰이모는 온 가족이 평생 뼈 빠지게 일하고도 항상 가난하게 살았습니다. 지금 생각해 보면 이 가족들은 돈이 들어오면 비싼 식당에서 매일 외식을 하고, 택시를 타고 이곳 저곳을 다니며 차를 사서 기름값을 쓰는 돈의 몇 배를 길거리에 뿌리고, 백화점에 가서 비싸 보이지도 않는 비싼 옷을 쇼핑하곤 했습니다. 한번은 100만 원이 오랜만에 들어와 100만 원이 넘는 옷을 샀다고 입고 와서는 엄마에게 쌀값이 없다고 빌리려다 싸우는 장면을 보기도 했죠. 늘 남들보다 누려야 할 것들을 못 누린다는 피해의식 가득한 가난한 마음, 지금 있는 것들이 사라질까 불안해하며 노심초사하는 마음들이 돈에 깃들어 있어 가난을 벗어나지 못했던 겁니다.

돈이 더 많이 들어올 거라 기대하는 마음이 깃든 돈은 여유롭고 행복합니다. 이미 마음이 풍요롭고 여유로워져서 빨리 어디에 돈을 쓰게 되지도 않습니다. 거지같이 허름하게 입고 누가 나를 무시해도 오히려 여유롭고 별로 그가 증오스럽지도 않습니다. 그러든 말든 이미 내 주머니가 가득 차 있으니 무슨 상관이냐 하는 마음이 들기 때문입니다.

이상하게도 지갑에 돈이 없을 때는 그렇게도 사고 싶고 가고 싶고 꼭 필요할 것 같았던 것들이 막상 돈이 생기면 별로 필요하지 않음을 느낍니다. 언제든 가지려면 가질 수 있기에 오히려 돈으로는 사지 못하는 더 귀한 것을 추구하게 되고 정말 삶에서 꼭 필요한 게 뭔지를 알게 됩니다. 얼마나 허무한 것들에 집착하며 삶의 소중한 에너지를 낭비하고 있었는지 알게 됩니다.

돈 때문에 누군가의 비위를 맞추거나 무시당하지 않기 위해 있어 보이지 않아도 되기에 자기 삶에 진짜 중요한 일에 더 집중하게 되고 이것이 더 많은 돈을 또한 불러오게 됩니다. 아마 이것이 이서윤 씨가 설명하고자 했던 '해빙'이라 나는 이해하고 있습니다.

가난이 싫다면, 반드시 부를 끌어오고 싶다면 돈에 깃든 이런 마음들을 이해해야 합니다. 우리가 주식에서 돈을 벌기 위해 기업을 이해하는 이상으로 하나의 음봉, 양봉에 깃든 마음을 이해해야 하는 것처럼 말입니다.

돈에 붙은 귀신

돈을 좋아하나요? 싫어하나요?

솔직히 말해보세요.

사람들은 돈을 많이 벌고 싶다고 말하면서도 막상 돈에 관련된 이야기를 할 상황이 오면 꺼리는 경향이 있습니다. 마땅히 받아야 할 돈을 달라고 하는 것도 관계를 망칠까 두려워 말을 못 꺼내는 경우도 많습니다.

돈 이야기를 하면 껄끄러워진다거나 사이가 나빠질 거라 생각해 두려움을 갖는다는 건 돈이 갈등을 일으킬 원인이 된다거나 돈이야기는 나쁘다는 생각이 뿌리 깊이 박혀있기 때문입니다.

은총씨도 살아오며 돈에 대해 이야기할 상황을 만나면 몇

날 며칠을 고민하곤 했습니다. 과거 아이들을 가르칠 때 교육비를 늦게 주는 어머님들께 이야기를 꺼내는 것조차 너무 어려워 그분을 남몰래 미워하기도 했습니다. 그런데 어느 날 가만히 생각해 보니 이런 생각의 뿌리에는 어릴 적 늘 돈 문제로 다투던 부모님이 있었습니다. 두 분이 돈 문제로 자주 다투셔서 돈 이야기를 꺼내는 게 두려워 학교에 가져가야 할 회비 이야기를 못 해서 불려 나가곤 했으니까요. 그래서 내게 돈은 자연스럽게 갈등을 일으키는 것으로 저장되어 있었던 겁니다. 돈 이야기가 귀신 이야기만큼이나 무서웠던 거죠.

어떤 이들에게는 돈을 가지는 일이 신에게 미안하고 부끄러운 일로 느껴지기도 합니다. 이들에게 돈은 신이 싫어하는 더러운 것이라는 신념이 뿌리 깊이 박혀있어서 자신도 모르게 무의식중에 돈을 달아나게 하는 행동을 하곤 합니다.

사실 신이 창조한 이 세상의 어떤 것도 좋거나 나쁜 건 없습니다. 단지 우리가 살아오며 특정한 경험을 통해 좋다거나 나쁘다거나 하는 감정들을 가져다 붙인 거죠. 신은 다른 모든 것들만큼이나 돈도 좋아합니다. 돈이 있으면 어머니께 용돈을 드리고, 사랑하는 이와 좋은 것들을 나누어 사랑이 배가 되고, 돈을 통해 많은 굶주린 이들을 먹이고 입힐 수 있으며, 배울 기회가 없는 아이들에게 기회를 제공할 수도 있습니다. 물론 나 자신이 풍요로워지고 행복해지는 일도 신이 너무도 바라고 기뻐하는 일입니다.

부자들과 어울려 있다 보면 이들은 돈에 대해 아주 친근하고 자연스럽게 이야기를 주고받는 것을 알 수 있습니다. 달라는 것도 주는 것도 아주 매끄럽고 즐거운 일로 간주됩니다.

이들에게 돈은 마치 친한 친구 같아 놀러 오고 놀러 나가는 일이 다 즐거운 일처럼 느껴집니다. 그렇게 즐겁게 놀 수 있는 곳에 돈은 또 다른 친구들을 불러오고 오래오래 머물고 싶어 합니다.

HAPPY × (MONEY + POWER)

아무리 급해도
썩은 동아줄은 잡지 말자

우리는 모두 잘 살기 위해, 더 행복해지기 위해, 더 사랑받기 위해 애를 쓰면서 삽니다. 그런데 왜 누구는 더 잘사는데 누구는 가난의 굴레에서 벗어나지 못하며, 누구는 더 사랑받고 행복한데 누구는 애를 쓰면 쓸수록 더 미움과 증오만을 갖고 살게 되는 걸까요?

누구보다 재능 많고 착하고 열심히 사는 한 친구가 있었습니다. 그녀는 알뜰하게 돈도 잘 모았는데 돈이 좀 모이려고 하면 장사를 하던 남편이 죽겠다 죽겠다 하는 걸 차마 보지 못해 톡 털어주곤 했습니다. 그녀의 남편은 장사가 내리막길이라 복구하기 어려운 걸 알았지만 당장 파산을 막으려고 자꾸 빚을 내는 중이었고, 결국 아이 보험까지 해약할 지경에 이르렀습니다. 결국 그 친구마저 남편이 경영하던 룸살롱에 출근하다 가정은 풍비박산이 되고 건강까지 해치고 결국 온 가족이 빚더미에 앉게 되었습니다.

주식시장에 있다 보면 여러 종목을 만나게 되는데 가끔은 꽤 돈이 많이 들어간 종목이 구제 불능이라는 걸 알게 될 때가 있습니다. 사람의 심리라는 게 참 희한해서 그렇게 내리막길을 걷는 종목이 가끔 반등을 주기만 해도 대부분은 들어간 돈이 아까워서 그 종목을 포기하지 못합니다. 뻔히 아니라는 걸 알면서도 본전이라도 건지고 싶어 물타기를 하기도 하고 뭔가가 안될 때쯤 마침 수익이 있을 거라는 막연한 말에 당장 써야 할 생활비나 신용으로 빌린 돈을 끌어넣고 더 곤란한 처지에 놓이기도 합니다.

과거 돈 많아 보이는 친구가 높은 이자를 준다고 해서 돈을 빌려주었다가 조금만 더 빌려주면 돌려줄 수 있다는 말에 속아 자꾸 빌려주다 결국 뭉칫돈을 떼인 적이 있는데, 그게 바로 그런 심리입니다.

투자시장에서 적어도 잃지 않으려면 나와 함께하고 있는 종목이 나쁜 놈인가 착한 놈인가를 구분할 눈을 길러야 합니다. 그런데 이 주식시장이라는 곳에서는 한없이 착했던 놈이 질이 나빠지기도 합니다. 어쨌든 나쁜 놈이라는 걸 안 순간 되

HAPPY × (MONEY + POWER)

도록 빨리 정리하고 착한 놈에게 집중할 수 있으면 그때부터 수익을 낼 수 있습니다.

인생에서의 행복도 이와 같습니다. 살아가면서 착한 사람만 만난다면 좋겠지만 살다 보면 나쁜 놈도 만나기 마련이라 중요한 건 나쁜 놈이라는 걸 안 순간 빨리 손절하는 일입니다. 그리고 착한 이에게 내 에너지를 쏟는다면 불행보단 행복 쪽에 저울의 추가 실리기 시작합니다.

시장에서 자꾸 수익을 못 내고 인생의 추가 불행으로 가까이 간다면 결정적인 순간에 잘못된 선택을 한 경우가 많습니다. 귀가 얇아 자꾸 나쁜 놈을 선택하고 그놈과 정이 들어 떠나지 못하든지 손실을 복구하고픈 조급한 마음에 다른 나쁜 놈을 선택하는 경우가 그렇습니다.

설마 '내가 그럴까?' 할 수도 있겠지만 가만히 자신이 한 선택을 돌아보면 '내가 내 눈을 찔렀지!' '뭐가 씌었나?' 하는 경우가 많습니다. 처음 투자를 시작할 당시 은총씨도 이런 일을 만나면 빨리 복구하고 싶어 급등주를 찾아다니다 더 큰 손실을 보곤 했습니다.

자꾸 돈을 잃거나 열심히 사는데도 가난하다면 조급하거나 욕심이 생겨 결정적인 순간에 이런 잘못된 선택을 하는 습관과 경향성이 무의식 속에 저장되어 있기 때문입니다. 이런 경향성을 바로잡지 않으면 아무리 돈을 따는 좋은 기술을 습득해도 결국 결정적인 순간에 날려버리게 됩니다.

잘못된 경향성을 바로잡으려면 먼저 자신이 이런 습관이 있다는 걸 가슴 깊이 깨닫고 자꾸 스스로에게 상기시켜 주어야 합니다. 그래서 은총씨도 하루를 시작하기 전, 시장에 들어가기 전 늘 이 말을 되새깁니다.

"아무리 급해도 썩은 동아줄은 잡지 말자!"

괴로움을 연습하라

우리가 매일 느끼는 감정이면서 삶에서 지우고 싶은 감정이 두려움과 불안일 겁니다. 인간이라면 누구나 피할 수 없는 감정이기도 합니다. 사실 우리는 가난해서 두려운 게 아니라 가난이 닥쳐와 지금 누리고 있는 걸 다 뺏길까 봐 미리 걱정해 불안해하고 두려워합니다.

자수성가한 2,000억 자산가인 지인에게 들은 얘기 중 가장 기억에 남는 것이 그는 지금 있는 걸 다 잃어도 하나도 두렵지 않다는 말이었습니다. 그건 그가 거기까지 갈 때까지 절벽에 서 있는 거 같은 수많은 역경과 공포를 과정으로 받아들이는 연습을 했기 때문입니다.

우리는 하루하루 잃지 않으려고, 힘든 건 겪지 않으려고 애를 쓰지만 겪어야 할 일은 아무리 피해 다녀도 결국 겪어야 한다는 게 어쩔 수 없는 삶의 진리입니다. 그들은 우리보다 이 진리를 먼저 깨달았기 때문에 그 자리에 올라갔고 그 과정에서 더 이상 어떤 것도 피하지 않고 마주하는 용기를 배웠습니다.

너무 힘들었던 시기의 은총씨도 별 가진 것도 없었지만 그마저 잃을까 봐 두려웠고 그런 감정과 생각조차 피하고 싶어 도망을 다니면서 더한 괴로움을 자처하곤 했습니다. 그 시기에 죽음을 앞둔 사람들을 돌보는 봉사활동을 간 적이 있습니다. 매일 매 순간 죽음과 사투하는 사람들을 눈앞에서 보고 돌아왔을 때 그토록 괴로웠던 내 삶이 살아 숨 쉬고 아프지 않다는 것만으로도 얼마나 행복한지 절실히 느꼈습니다. 설사 가진 걸 잃는다 하더라도 죽지는 않는다는 걸 깨달은 겁니다. 사람이 자신이 두려워하는 그 일로 죽는 일보다 그 일을 두려워하고 걱정하고 불안해하며 괴로워하다 자신을 제대로 돌보지 못해 죽을 확률이 더 높다는 것도 알았답니다.

그토록 피하고 싶던 불안과 두려움이 사실은 일어나지 않을 확률이 더 높은 환상이고 설사 일어난다고 해도 그 때문에 바로 죽지는 않는다는 걸 알게 된 겁니다.

그때부터 두렵고 불안할 땐 최악의 상황이 되면 어떻게 될까를 일부러 상상해 보면서 계획을 세워보곤 합니다. 돈을 다 잃는다면 어떨까를 생각해 보면서 돈이 없어도 행복할 100가지 방법을 써보기도 하고, 암에 걸린다면 어떻게 남은 인생을 보낼 건가를 생각해 보기도 하고, 사랑하는 이에게 버림을 받는다면 어떻게 견뎌낼까를 마주해 보기도 합니다.

그런데 이상하게도 막상 마주하면 '내가 컨트롤할 수 없는 삶에서 일어나는 일은 어쩔 수 없이 순응하고 받아들여야겠구나' '이왕이면 아름다운 마음, 감사하는 마음만을 기억하며 보낼 건 보내고 아름다운 한 장면으로 남겨야겠구나' 하는 베짱이 생겨 막연하게 불안하거나 두려운 마음이 사라집니다.

그래도 오랜 두려움이 계속될 땐 아주 못사는 나라로 여행을 가거나 봉사를 떠납니다. 누구는 참 착한 행위라고 하지만 사실 이 일을 통해 내가 얻는 것이 훨씬 더 많습니다. 그들이 살기 위해 목숨을 걸고 고군분투하는 걸 보고 오면 '저렇게도 살아내는데' '이런 삶도 삶이고 저런 삶도 삶인데' 하며 내 삶의 한순간 한순간이 그저 감사하게 느껴져 다시 정신을 차리고 살 수 있습니다.

지금 이 두려움과 불안이라는 놈과 싸우고 있다면 가장 큰 놈이 누군지를 알아내 한판 맞짱을 떠보세요. 미리 그 상황으로 가 경험을 해보세요. 돈이 하나도 없을 것 같아 두렵다면 돈 없이 일주일을 살아보고, 사랑하는 사람을 잃을까 두렵다면 그가 없다 생각하고 며칠을 지내보세요.

막상 마주하면 그런 두려움들이 모두 내가 만들어낸 커다란 그림자 귀신이라는 걸 알게 될 겁니다.

그래도 무섭다면 스스로에게 이렇게 물어보세요.

"그래서 죽어?"

잠들기 직전에 하는
생각이 운명이 된다

만약 지금의 현실이 거지 같아 제발 빨리 바꿔버리고 싶다면 일단 모든 걸 제쳐놓고 가장 먼저 바꿔야 할 한 가지가 있습니다.

잠들기 직전에 하는 생각!

대부분 잠들기 전 낮에 실수했던 일, 직장동료나 가족과의 갈등, 다 처리하지 못한 일이나 내일 해야 할 일에 대한 부담감에 짓눌려 불안하고 개운치 않은 기분에 사로잡혀 있다가 잠이 들곤 합니다. 혹은 잔인한 드라마나 사건·사고 뉴스가 머릿속에서 지워지지 않은 채 잠이 들기도 하죠.

하지만 이 잠들기 전에 한 생각, 감정들이 내 인생 전체를 바꿔버릴 수도 있다는 걸 알면 여러분은 더 이상 그런 일을 하지 않을 겁니다.

《행복한 이기주의자》를 쓴 웨인 다이어 박사는 이 잠들기 전 5분이 내 인생의 채널을 바꿀 수 있는 유일한 시간이라고 했습니다. 이 시간은 잠재의식을 가장 쉽게 다른 세팅으로 바꿀 수 있는 무의식이 열려있는 시간으로, 우리의 뇌파가 7.5Hz가 되어서 잠재의식에 무엇이든 자유롭게 입력할 수 있는 황금시간대라는 것입니다. 따라서 아침에 깨어서 5분도 중요하지만, 중요도로 친다면 잠자기 전 5분을 따라올 수 없다고 했습니다. 그 아침을 지배하는 시간이 또한 이 시간이기도 하기 때문입니다.

만약 이 시간 동안 여태껏 해오던 대로 싫은 일이나 잘 안 된 일, 누군가 내게 했던 서운한 말들, 미운 사람, 온갖 걱정되는 일들을 생각하면서 보낸다면 무의식을 온갖 부정적인 것들을 끌어당기는 강력한 끈끈이로 만드는 꼴입니다. 그래서 결국은 다음날도 그다음 날도 부정적인 것만을 끌어당겨 현실에서 나쁜 일을 계속 경험하게 되고 결국 내리막길을 걷는 인생으로 전락하게 됩니다.

지금 인생이 마음에 안 든다면 이 무의식을 건강하게 훈련하는 일에 온 마음을 쏟아야 합니다. 왜냐하면 여러분이 원하는 인생을 사느냐 거지 같은 인생을 사느냐 하는 일이 모두 이 시간에 달려있기 때문입니다.

　그러니 이 시간에 되고 싶고 살고 싶은 인생을 상상하고, 생각하고, 말하며, 기대하고, 설레야 합니다.

제발 노력은 그만! 그냥 꿈꾸라

열심히 매일매일 고군분투하며 살고 있지만 뭔가 채워지지 않고 원하지 않는 곳에 있는 것 같나요? 그렇다면 여러분은 자신이 원하지 않는 상황에서 벗어나는 데만 집중하며 애쓰고 있어 정작 뭘 원하는지를 잊고 있기 때문일 겁니다.

과거 감정에 휘둘려 자신을 밀어내기만 하던 나에게 다가오던 한 남자가 내게 이런 말을 해주었던 게 기억이 납니다.

"넌 네가 싫어하는 건 아는데 뭘 좋아하고 하고 싶은지 모르는 거 같아."

그때 그 말이 한동안 머리를 망치로 얻어맞은 듯한 충격을 주었습니다. 한차례 커다란 아픔을 겪은 후 너무 빠른 속도로 다가오던 그를 무작정 밀어내기만 하고 있었지만 사실 나는 그를 많이 좋아하고 있었죠. 그의 그 말은 내 실패를 설명해 주는 말이기도 했습니다.

그전 관계에 실패했던 이유도 처음부터 내가 뭘 원하는지 몰라 그의 집착에 쉽게 끌려다닌 거였고, 함께 어떤 세계를 만들어 가보겠다는 원함 대신 잘못된 선택에 대한 후회와 싫음, 불만스러운 것들에만 초점을 맞추다 보니 실패라는 종착역으로 갈 수밖에 없었던 겁니다.

만약 라이트 형제가 열심히 기계 같은 거나 만드는 데 집착하면서 불평불만을 해대고, 자신이 하늘을 날고 싶다는 걸 몰랐다면 어떻게 되었을까요? 스티브 잡스가 돈 버는 데나 집중하면서 스마트폰을 손안에 쥐는 걸 꿈조차 꾸지 않았다면요? 사실 열심히 하는 것보다 더 중요한 건 원하는 걸 꿈꾸는 일입니다. 자신이 닿고 싶은 곳이 어딘지를 아는 일입니다.

여러분이 열심히 애쓰는데도 돈이 없다면 돈이 모자란 거에 집착해 돈을 벌어 궁극적으로 하고 싶은 것, 닿고 싶은 곳을 꿈꾸지 않았기 때문입니다.

날기를 원한다면 먼저 자신이 가고자 하는 곳이 어디인지를 알아야 합니다. 그곳이 어딘지 아는 것만으로 지금 하는 일, 해야 할 일에 대한 선택이 바뀌고 힘겹게 걷는 발걸음도 가벼워지는 경험을 하실 수 있을 겁니다.

그뿐입니다. 그리고 어느 순간 저절로 그곳에 닿은 자신을 발견하게 되면 이미 그곳에 있었음도 깨닫게 될 겁니다.

성장을 통해
매 순간 성공하라

성공이라는 말을 들으면 여러분은 어떤 생각이 드나요?

지금과 다른 비싼 옷을 입고 비싼 차를 타고 럭셔리한 휴양지에서 쉬고 있는 모습? 다른 사람들이 내 앞에서 비위를 맞추려고 하는 모습? 날씬하고 예뻐진 내 모습? 보통 우리는 성공이라는 말을 들으면 이런 장면을 떠올립니다.

'라떼는…'이라는 말이 한때 유행했습니다. 지금 초라해 보이는 누구에게도 날씬했고, 돈 좀 벌었고, 체력이 하늘을 찔렀던 한때의 장면이 추억이란 앨범 속에 꽂혀 있습니다. 하지만 그 사람의 지금 모습이 계속해서 이런 모습이 아니라면 거기에 성공이란 말을 붙이지는 못할 겁니다.

사실 진정한 성공이란 이런 단 한때, 순간의 기억으로 설명할 수 없습니다. 성공이란 계속적으로 성장해 가는 것으로 과거 뭘 할 수 있는 사람이었다든가 지금 이런 대단한 사람이라는 게 아니라 그 사람의 인생을 쭉 펼쳐놓고 볼 때 그가 어제보다 작년보다 10년 전보다 더 나은 사람으로 살고 있는지를 설명하는 겁니다.

자신이 성공으로 가고 있는지를 알고 싶다면 어제의 나, 작년의 나, 10년 전의 나를 떠올려 보아야 합니다. 만약 그때의 나보다 더 나은 삶을 살고 있고, 더 행복한 마음으로 세상을 바라보고, 많은 관계가 나아지고, 자산이 늘어나고, 늘어나지 않았더라도 적어도 그쪽으로 가는 방법을 더 많이 알았다면 그 사람은 분명 적어도 성공으로 가고 있고, 성공 가도를 달리고 있다고 확신해도 됩니다. 인생을 어찌 살고 싶다는 가치관이 무엇이든 그 가치를 추구하며 어제보다 나은 오늘의 모습으로 살고 있는 게 중요합니다.

그러니 오늘은 자신이 살고 싶은 모습을 향해 성공을 향한 성장의 한 걸음을 했는지 스스로 물어보세요. 만약 그렇다면 자신을 이미 성공한 사람이라 자신해도 됩니다.

혹시 자신의 일이나 투자에 대해 이야기하면서 '이런저런 상황이 안 좋아서 안 풀리는 거니까 상황이 좋아져야 나아지지'라고 얘기하고 있나요?

승마를 시작하면서 제법 돈이 좀 있다는 자수성가한 부자들과 어울릴 기회가 많았는데 그때 그들을 보고 느낀 것이 있습니다. 그들은 상황이 나쁘거나 경제가 엉망이거나 누가 대통령이 되거나 코로나가 오더라도 '그럼에도 불구하고 지금' 할 수 있는 일을 찾는다는 겁니다.

보통 사람들이 술잔을 기울이며 왜 안되는가에 대한 변명을 늘어놓으며 서로의 상황을 위로와 안주로 삼을 때 그들의 술잔은 어떻게 해결해 나갈지에 대한 이야기를 하느라 채워집니다. 아니면 아예 쓸데없는 생각을 멈추고 체력이나 키우자며 운동에 에너지를 쏟는 일이 많았습니다. 뭔가 안 풀리는 그곳으로 가서 고군분투하고 너무 일이 안 풀릴 때는 엄청난 부자들의 옛집이나 기운이 좋다는 곳으로 바람을 쐬러 가기도 했죠.

어느 방향으로 술잔을 기울이든 시간은 가고 상황도 바뀌지만 아무 준비도 없이 변명으로, 자기연민으로 에너지를 소진하기만 했던 보통 사람들은 상황이 나아져도 어디서 어떻게 돈을 끌어오고 불려야 하는지 오히려 막막해집니다. 남들이 우르르 모이는 것을 보고 뒤늦게 기웃거리다 설거지나 하거나 큰 이득을 얻지 못하게 되죠.

투자든 인생이든 좋은 걸 거머쥐려면 내가 주인으로 사는 주인의식을 가져야 하고, 내가 내 삶의 리더로 나아갈 방향을 정하고, 책임을 진다는 생각을 스스로에게 심어줘야 합니다. 사실상 이 마인드가 부자로, 행복한 사람으로 사는 데 90% 이상의 역할을 합니다.

주인이 되어 책임을 진다는 말은 선장이 배를 책임지는 것과 같습니다. 풍랑이 배를 삼키려 할 때도 두려움에 빠져있는 대신 제일 먼저 정신을 차리고 헤쳐 나갈 길을 고민하고 선원들에게 해야 할 일을 지시하며 앞이 안 보이는 상황에서도 나아갈 방향을 찾으려 노력한다는 말입니다. 이 과정에서 두려움에 사로잡혀 지시를 따르기에만 급급한 선원들과는 달리 선장은 풍랑을 이겨내는 법을 한 단계 한 단계 배워가고 어떤 상황에도 대처할 수 있는 힘을 키워갑니다.

지금 모든 일이 안 풀리고 어디서부터 어떻게 해야 할지 모르겠다면 내가 나의 온전한 주인이고 모든 걸 책임져야 하는 상황이라면 어떤 행동을 할까 생각해 보세요.

그래도 도저히 모르겠다면 쓸데없이 나의 에너지를 갉아먹는 걱정, 부정적인 생각을 내려놓고 물통 하나 들고 밖으로 나가 걷거나 뛰기를 해보세요. 한국 최고의 주역학자인 김승호 님은 운이 나빠져서 인생이 힘들어질 때는 무조건 밖으로 나가 걸어 다니라고 했습니다. 액운이 제일 싫어하는 게 돌아다니고 움직이는 거라 며칠이고 걷다 보면 나에게 그림자를 드리우던 액운들이 사라진다고 말입니다.

분명 그 하나의 시도가 아주 중요한 첫걸음이 되어 그다음 멋진 변화의 물결로 이끌어줄 겁니다.

감사와 부

부와 풍요를 말하는 사람들은 모두 감사의 중요성에 대해 이야기합니다. 밑바닥에서 시작해 세계에서 가장 영향력 있는 여성이 된 억만장자 오프라 윈프리도 한 인터뷰에서 오랫동안 써온 감사일기를 공개했습니다. 그녀에게 부와 성공을 가져다 준 최고의 비법이라면서요.

감사하는 일이 부자가 되는 것과 도대체 무슨 관계가 있냐고요? 부자가 된다든가 성공하는 일은 우리가 계속해서 그 모습을 그리고 상상하며 그쪽에 나침반을 맞추고 따라가야 이룰 수 있는 겁니다. 그리고 어떤 생각이라는 것이 그에 걸맞은 행동이 되고 포기하지 않고 계속해 나가기 위해서는 그 일이 진짜로 내 삶에 일어날 거라고 계속 기대하고 마음속 깊이 믿을 수 있어야 합니다. 만약 결과가 안 좋을 거라 예상되면 우리는 어떤 일을 계속하지 않으려고 하겠죠? 그러니 그 일이 어떤 면에서건 이익이 된다거나 즐거움을 준다고 느껴야 합니다.

감사를 한다는 건 자꾸 비슷한 기쁜 일이 실제로 일어나리라는 것을 기대하며 설레는 표현이며 강력히 믿는 마음입니다. 그래서 감사를 하면 할수록 자꾸 감사할 일이 많이 생겨나는 경험을 하게 되고 더 깊이 믿게 되어서 부와 성공을 자꾸만 더 가까이 오게 합니다. 생각해 보면 우리도 뭔가 작은 걸 주거나 베풀었을 때 '에게, 이게 뭐야?' 하는 사람보다 진심으로 감사하는 사람에게 자꾸 주고 싶은 것처럼 신도 그럴 거라 여겨집니다. 그래서 사람의 기운도 돈의 기운도 자꾸 생글생글 웃으며 감사하는 사람에게 몰려들 수밖에 없습니다.

오프라 윈프리뿐만 아니라 스스로 부를 일군 많은 사람들이 아직 일어나지 않은 일을 기대하면서 미리 감사했던 이야기를 해줍니다.

일본 작가 모치즈키 도시타카는《보물지도》에서 우리가 삶에서 이루고자 하는 것들을 미리 기록하는 비전 보드 작성법을 소개했습니다. 그는 자신이 이루고자 하는 것과 날짜를 미리 정해서 기록하고 잘 보이는 곳에 붙여두는 비전 보드를 만들면서 스스로 부를 일구었으며, 이를 세계에 전파하고 있습니다. 그는 비전 보드를 만들고 난 뒤 맨 아랫부분에 반드시 '다 이루어졌습니다. 감사합니다'라고 쓰라고 합니다.

기도를 할 때도 '아멘'이란 말을 맨 끝에 항상 붙이는데, 이 '아멘'의 뜻은 '말씀대로 이루어집니다'라는 뜻입니다. 기도를 할 때 이미 믿는 대로 이루어질 것임을 확신하고 감사를 하는 겁니다. 그래서 우리가 부, 성공, 행복 등 좋은 것을 이루려고 하면 반드시 내가 받는 좋은 것들에 감사하는 습관을 들여야 합니다. 더 행복하고 더 풍요로워지고 싶다면 쉬지 않고 매 순간 감사해야 합니다.

감사하는 것은 가진 것에 집중하는 마음입니다. 현대사회를 살아가는 우리는 가지지 않은 것에 집중하도록 훈련되어 있습니다. 늘 주위에 나보다 더 좋은 것, 화려한 것을 가진 사람들이 즐비해 자동으로 그것에 집중하게 되고 그러면 바로 결핍과 부족함을 느끼게 되어 늘 불평불만을 토로하며 살게 되죠. 그리고 그 결핍은 여지없이 우리 삶에 나타나 우리를 계속해서 괴롭히게 됩니다. 감사를 연습하다 보면 내가 이미 얼마나 많은 것들을 누리고 있었는지, 아무것도 가진 것 없이 맨몸으로 이 세상에 나왔는데 얼마나 많은 걸 거저 누리고 있었는지를 깨닫게 됩니다. 그리곤 곧 자신이 이미 넘치게 가진 풍요로운 사람임을 알게 됩니다.

나는 힘든 시기에 신앙을 가지게 되었습니다. 그때는 왜 특별히 잘못한 것도 없는데 이런 고통을 받아야 하나를 불평하며 신을 원망했습니다. 하지만 어느 날 내게 그런 힘든 시간이 닥친 이유가 그런 삐딱한 마음습관 때문이었고 발가벗고 맨몸으로 태어나 특별히 착하게 살아온 것도 아니었는데 이 모든 것들을 넘치게 채워준 신의 은총이 너무 감사해 성전 바닥에 앉아 꺼이꺼이 눈물을 흘렸답니다. 그렇게 부족한 나를 털어낸 후 더 많은 행복과 부로 내 삶이 채워지는 걸 체험하고 비로소 감사해야 하는 이유를 깨닫게 되었답니다.

설교사 스파르전은 이런 말을 했습니다.
"촛불을 보고 감사할 줄 아는 사람에게 신은 별빛을 주시며, 별빛을 보고 감사할 줄 아는 사람에게 신은 달빛을 주시며, 달빛을 보고 감사할 줄 아는 사람에게 신은 햇빛을 주신다. 또한 햇빛을 보고 감사할 줄 아는 사람에게 신은 천국의 빛을 주신다."

지금 삶이 잘 안 풀리고 스스로와 신을 원망하고 있다면 먼저 감사할 거리를 찾아보세요. 아마 어느 순간 모든 게 채워진 내가 '기적이란 거기서 시작되었구나' 하며 웃고 있을 겁니다.

내가 받고 싶은 대로 주면
넘치게 돌아온다

맨손으로 300억이란 재산을 일군 할머니 지인이 있습니다. 과거 서울에 살았을 때 보험 설계사와 고객으로 만났죠. 그땐 내 삶이 많이 힘들고 몸마저 안 좋아져서 보험이라도 들어 봐야겠다 했더니 성당에 같이 다니던 언니가 소개해 주었습니다. 그래서 그날 보험을 하나 계약하고 돌아갔는데 며칠 지나지 않아 전화가 온 겁니다. 같은 가격에 더 나은 상품이 있는데 자신이 놓쳤다며 알려주는데, 본인에게 아무 이득이 되지 않는 일이었습니다. 그 이후에도 내가 원하는 상품이 없을 때는 더 좋은 다른 상품을 파는 다른 분을 소개시켜 주시기도 했습니다. 한 번은 그런 일들이 너무 고마워 밥을 사드린다고 했는데 돈 많이 쓴다며 한사코 거절하셨습니다.

그분은 자주 이렇게 말씀하셨습니다.

"내 거가 아까우면 남의 것도 아까운 거지. 나는 그냥 내가 고객이면 어떤 걸 바랄까 생각해요."

그분을 알수록 더 존경하게 되고 내 삶도 영향을 받기 시작했습니다. 밖에서 목욕을 할 때, 음식을 먹을 때, 남이 사주는 밥을 먹을 때도 내 집이 아니라고 함부로 낭비하거나 내 돈이 아니라고 뜯어먹어야지 하는 생각을 했던 게 너무 부끄러워졌죠. 내 삶이 풍요를 만나지 못했던 이유가 그런 거지 같은 마음에 있었음도 깨달았습니다.

몸이 안 좋았던 이유도 부모님께 받은 귀한 이 몸을 아끼고 소중히 여기지 않고 함부로 사용한 대가였습니다. 기분이 나쁘면 폭식을 하다 죄책감에 함부로 음식을 버리기도 했죠. 그 음식들은 농부들이 땀 흘려 수확해 수많은 사람들의 수고로 내 손에 쥐어진 소중한 것들인데 미운 마음으로 먹고 함부로 버리고 했으니 탈이 날 수밖에요.

돈도 마찬가집니다. 돈이 없는 사람들의 물건은 소중히 다룬 흔적이 없습니다. 구겨지고 망가지고 흩트려 놓고 함부로 다룬 흔적들이 가득합니다. 하지만 부자의 물건들은 다릅니다. 단지 비싸서가 아니라 그들은 꼭 필요한 물건을 사서 닦고 정리하고 고치고 정갈하게 유지합니다.

내가 만난 대부분의 자수성가한 친구들이 지갑을 여는 걸 보면 대부분 지폐의 그림도 맞춰 가지런히 들어 있습니다. 어떤 친구는 신사임당 님 편히 푹 쉬시고 나오시지 말라고 지폐를 나오는 방향이 아닌 들어가는 방향으로 꽂아두고는 이불을 덮어준다고 했는데, 그래서인지 그의 지갑엔 늘 현금이 두둑하게 채워져 있었습니다. 머리카락도 옷도 자세도 말투도 정갈하게 유지하려고 합니다. 자신뿐 아니라 자신과 관련된 뭐든 소중히 대하려고 하니 상대방은 그에게 더 잘하고 싶어지고 도와주고 싶어집니다. 걸어 다니는 돈 붙는 자석이 되는 거죠.

저의 지인인 그분도 그녀를 한 번 만나본 고객은 있어도 한 번만 만난 고객은 없었습니다. 그분의 진심과 선함, 정직함과 성실함을 느끼고 더 많은 친구들을 소개해 주었고, 그분은 그 돈을 모아 건물을 사고 부를 누리게 되었습니다.

자신이 대우받고 싶은 대로 상대를 대하다 보면 상대는 그 진심을 알게 되고 나를 좋아하고 돕지 않을 수 없게 됩니다. 그러니 오늘은 자신이 만나는 모든 것들, 모든 사람들에게 어떤 마음으로 대하고 있는지를 스스로 살펴보세요. 그 안에서 분명 내 부의 열쇠를 찾을 수 있을 겁니다.

거저 주어라

돈을 불러들이는 걸로 착각하지만 돈을 아주 쫓아버리는 습관이 하나 있습니다. 돈을 써야 할 일이 생길 때 네가 이득이냐 내가 이득이냐를 자동적으로 계산하는 습관입니다. 이 습관이 왜 생겼을까 생각해 보면 이상하게도 당장은 이득이 될 거 같은 느낌을 주기 때문입니다.

아는 동생 중에 참 재미있고 웃기고 개성 있고 매력 있는 친구가 하나 있었습니다. 처음에 그의 이런 매력에 홀딱 빠졌던 사람들이 머지않아 하나둘 그를 멀리하였습니다. 능력이나 힘이 없는 친구들을 뒤에서 험담하고 함부로 대하면서 자신에게 이득이 될 것 같은 몇몇에만 적극적으로 만남을 이어가며 태도를 달리하는 탓이었습니다. 그런 태도가 당장은 그에게 이득이 될 거 같은 느낌을 주었을지는 모르겠지만 그 하나의 스스로 똑똑하다고 생각하는 계산으로 실제로 잃는 게 더 많으리라는 생각을 그는 아직 하지 못한 것 같습니다.

불교에는 '무주상보시無住相布施'라는 말이 있고 성서에도 '거저 받았으니 거저 주어라' 하는 말이 있습니다. 물질의 계산은 물질로만 끝나는 게 아닙니다. 삶의 계산법, 우주의 계산법은 우리의 계산법과 다르기 때문에 우리가 하는 지금 이 하나의 친절한 행위와 자선이 어떤 복으로 돌아올지 우리는 알지 못합니다. 또한 자꾸 여기저기에서 달라고만 하고 돌아오는 것이 없어 삶이 힘들다면 우주의 계산법으로 삶에 갚아야 할 것들이 아직 남아 있다는 뜻이기도 합니다. 이런 시기에는 특히나 아무리 자신의 머릿속 계산으로 이득을 좀 얻으려고 발버둥을 쳐봤자 오히려 더 갚아야 할 빚만 늘어나게 됩니다.

은총씨도 참 삶에 빚이 많았던 사람이었나 봅니다. 한동안은 진짜 너무 계산이 안 맞아 이 우주와 맞짱을 떠야 하나 매일매일 생각했으니까요. 하지만 오랫동안 웃음과 친절을 의도적으로 연습해 오면서 그사이 진정으로 모든 이를 존중할 수 있는 마음의 무기를 얻었습니다. 그게 내가 배워야 했던 우주의 숙제라는 것도 이젠 알았습니다.

춤추러 가면 항상 건물을 청소해 주시는 아주머니를 만납니다. 이분이 새벽같이 나와 청소해 주신 화장실에 앉아 있는데 문득 저 나이에도 이렇게 치열하게 자신의 삶을 살아가느라 애쓰시는구나 하는 데 생각이 미쳐 그분의 삶이 존경스러워졌던 적이 있습니다. 이런 하나의 생각들이 모여 지금은 괜히 어딜 가면 사랑받는 느낌이 드는 사람이 되었습니다. 요즈음은 매일매일 별로 한 것도 없이 웃기만 하고 다녔는데 너무 많이 받는 것 같아 아침부터 저녁까지 감사하게 됩니다.

그러니 이제부턴 당장 되돌려받지 않아도 된다는 것, 그리고 사실은 줄 수 있는 기쁨이 훨씬 더 크다는 것을 기억해 주세요. 자신이 채워져 넘치는 사람만이 그 넘치는 걸 기쁜 마음으로 줄 수 있습니다.

거저 줄 수 있는 마음을 갖게 되면 '나는 이미 채워진 사람이다' 하는 여유가 생기고 투자도 이런 마음으로 하면 잃기가 더 어려워집니다.

'부는 부를 부르고 가난은 가난을 부르는 것'이 이 우주의 법칙이니까요.

가난할 운명인 사람이
평생 풍요롭게 사는 유일한 방법

재벌들의 추천도서에 자주 보이는《절제의 성공학》이란 책을 쓴 미즈노 남보쿠는 살아있는 동안 한 번도 틀린 적이 없다는 일본의 전설적인 관상가입니다. 젊은 시절 그는 술이나 먹고 도박이나 하고 될 대로 살아가는 동네 건달 같은 사람이었습니다.

그러다 우연히 한 관상가와 마주치는 일이 있었는데 그가 미즈노의 얼굴을 가만히 보더니 "쯔쯔… 곧 죽겠구먼!" 하는 겁니다. 어이가 없고 화가 났지만, 죽는다는 말에 한편으론 두려워졌습니다. 그러다 미즈노는 감옥에 가게 되는데, 그곳에 있는 사람들의 얼굴상이 다 비슷비슷하다는 걸 깨닫고 출소 후 그 관상가를 찾아가 살아날 방법을 물었습니다. 한 스님을 찾아가 출가하라는 얘기를 듣고 찾아가지만, 스님이 1년 동안 보리와 흰콩만으로 살 수 있다면 다시 찾아오라며 그를 쫓아버립니다.

미즈노는 죽는 것보단 그 말대로 해보는 게 낫다고 생각하고 스님의 말대로 1년을 지낸 후 다시 그 관상가를 찾아갑니다. 관상가는 그의 얼굴을 보고 깜짝 놀라며 운명이 완전히 바뀌었다고 하죠. 절제된 생활을 배우고 익히며 그동안 몸과 마음에 쌓였던 독소가 다 빠지고 죽음의 그림자가 비치던 시커먼 얼굴이 빛이 나는 귀한 상으로 변한 겁니다.

이후 미즈노는 크게 깨닫고 3년 동안은 사람의 얼굴상을 연구하고, 3년 동안은 목욕탕에서 일하며 사람의 몸의 상을, 3년 동안은 화장터에서 사람의 골격과 상을 연구하여 대 관상가로 다시 태어났습니다. 그렇게 엄청난 부를 누렸지만, 평생 보리와 흰콩만을 먹으며 절제했다고 합니다.

인생에서 많은 것들과 마찬가지로 가난도 사실은 운명이 아니라 돈을 피해 다니는 것만을 배우면서 살아왔기 때문에 생긴 하나의 결과입니다. 물건만 봐도 그럴 것이 부자가 비싼 물건을 사니까 사치하고 돈을 안 아끼겠지 생각합니다. 하지만 알고 보면 가난한 사람들이 싼 물건을 여러 개 사놓고 함부로 사용하는 경우가 더 많습니다.

부자들은 음식을 한번 먹어도 몸에 좋고 비싼 식사를 하면서 그 한입 한입이 소중해 그 맛을 음미하며 그 순간을 즐기게 되지만, 싸고 쉽게 먹을 수 있는 음식은 그 안에 그냥 쉽고 빠르게 한 끼 때운다는 마음이 들어 있습니다.

가난에서 출발해 나름대로 작은 부자, 큰 부자가 된 사람들은 스스로 가격을 비교해 자신의 예산 안에서 가장 가성비 좋고 건강에 좋은 음식을 적당하게 사서 자신의 손에 오기까지 많은 사람들의 노고에 감사하며 소중히 요리해서 먹습니다.

앞에서 말한 보험으로 시작해 재산을 불려 자산가가 된 할머니 집에 놀러 간 적이 있습니다. 쌀을 푸다가 쌀알이 떨어지자 할머니는 "다 농부들이 농사지은 건데 아까워라" 하시며 하나하나 주워 담으셨습니다. 또 언젠가 한 다큐멘터리에서 자수성가해서 번 돈은 모두 기부하고 부부가 실버타운으로 들어가 노년을 보내는 이야기가 나온 적이 있습니다. 손을 씻으며 "비누칠할 때는 물을 안 쓰는데 낭비되는 게 아깝다"며 잠그면서 평생 모든 걸 아끼는 마음으로 살아오셨다고 하시는데, 왜 이분들이 부자로 살게 되었는지 짐작할 수 있었습니다.

만물을 소중하게 생각하는 마음은 우리를 절제하게 합니다. 우리 몸을 소중히 한다면 쓰레기 같은 음식을 욱여넣으며 학대하지 않을 것이고, 시장을 가도 필요한 만큼의 식재료로 소중히 사랑하는 가족들의 식사를 준비하며 감사한 마음으로 필요한 만큼만 먹게 될 겁니다.

교회에선 우리 몸을 하느님의 성전이라고 합니다. 요즈음 당뇨나 비만 같은 병이 많은 것도 음식에 대해 욕심을 품거나 함부로 하는 마음 때문입니다. 또한 작은 돈을 소중히 여길 줄 안다면 여기저기 버려진 채 방치하지 않을 겁니다.

요즈음은 자동으로 저금통에 동전을 모아 높은 이자를 주는 은행도 있고 남은 동전을 펀드에 자동투자해 주는 시스템도 있어서 잊어버리고 있다 열어보면 생각보다 큰돈이 모여있는 걸 보고 깜짝 놀라기도 합니다.

어렸을 때 한 친구의 할아버지는 박 대통령이 마산에 내려오면 그 차를 타고 다닐 만큼 성공한 사업가셨는데, '우리 할아버지는 맨날 떨어진 구두를 신고 다니셨어' 하던 친구의 말을 이젠 조금은 알 것 같습니다.

은총씨도 뚜껑 열리는 차가 있지만 웬만하면 걸어 다니고 택시비가 아까워 버스를 타곤 하니까요.

그렇게 아껴서 어디에 쓸 거냐고요?

아프리카에 우물 팔 거예요!

돈 사상체질

지금 뭐하냐고요? 사상체질이라니 어이가 없다 참, 하고 생각했나요?

처음 성당에 발을 들여놓을 당시 성당 다니는 사람들은 바깥사람들과는 다를 거라는 기대를 하다 마상을 입어서 냉담을 할까 고민한 적이 있습니다. 마음속에 그런 상처를 품고 있던 중 신부님 강론에서 '아픈 사람이 병원에 가는 것처럼 영적으로 아픈 사람이 이곳에 모인 거다'라는 말을 듣고서야 이해하고 마음을 고쳐먹었답니다.

만약 이미 돈이 많고 행복하다면 여기서 은총씨의 글을 읽을 이유도, 자기계발을 할 이유도, 돈 버는 게 어렵다며 고민할 이유도 없었을 겁니다. 이렇게 각양각색의 영적 상처를 가지고 모인 곳이 신앙이라 이름 붙여진 교회며 절이고, 몸의 이곳저곳이 아파 모여있는 곳이 병원입니다. 또한 돈에 대한 상처와 결핍도 가지가지의 모양을 갖고 있고 이런 사람들이 주로 모이는 곳이 투자시장입니다.

은총씨가 심리에 관한 책 다음으로 많이 보는 책이 건강 관련 책인데 아빠가 췌장암으로 돌아가신 후 더 관심을 두게 되었습니다. 그런데 어떤 책에는 몸을 따뜻이 하기 위해 따뜻한 물만 먹으라고 하고, 어떤 책에는 외국 여자들은 아이를 낳은 후에도 바로 샤워를 하고 찬물만 먹고 살아도 괜찮다고 합니다. 의사마다 학자마다 시대마다 견해가 다 다릅니다. 처음엔 해보고 이상하면 거짓말이다, 틀렸다고만 했는데 사실은 다 맞기도 하고 다 틀리기도 하다는 걸 어느 순간 알게 되었습니다.

체력이나 체질도 사람마다 타고난 게 다 다르고 그에 따라 적용하는 방법도 다르기에 자기 몸에 하나하나씩 적용해 보고 자신을 가장 잘 돌볼 방법을 스스로가 찾아야 하는 거였죠. 갖가지 영적 상처를 가진 사람들이 모이는 절이나 교회에도 어떤 이는 기도로, 어떤 이는 명상으로, 또 어떤 이는 노래로 가지가지 다른 방식으로 영적 치유를 받습니다.

돈에 대한 결핍이나 상처도 한 가지로 설명될 수 없는 거라서 무조건 돈 버는 기술을 배우고 크게 오를 종목을 아는 것만으로는 겉으로 나타나는 증상만을 없애려고 진통제를 먹는 것과 같습니다. 원인이 제대로 해결되지 않는 거죠.

자신의 결핍이나 상처가 언제 시작된 것인지, 어떤 방식으로 진행되고, 반복되고 있는 패턴이 뭔지 스스로 자신을 관찰하면서 알아나가야 합니다. 투자나 사업을 해서 돈을 잠깐 벌었지만, 더 많이 나갈 일이 반복적으로 생긴다면 특히나 그 뿌리가 무의식 어딘가에 숨겨져 있을 수 있어 더 주의 깊게 자신을 관찰해야 합니다. 그 뿌리가 아주아주 어린 시절에 꽁꽁 묻어둔 아픔일 수도 있어서 아주 깊숙한 곳에 숨겨져 있을 수도 있습니다. 또한 똑같은 사건을 경험한다고 해도 그 사람의 성향에 따라 아주 다른 방식으로 표현될 수도 있습니다.

과거 은총씨는 부모님의 갑작스러운 파산으로 안 먹고 안 쓰고 모아두었던 돈들까지 톡 털리고 빚까지 떠안게 된 후 돈만 생기면 어차피 또 언제 털릴지 모르니 물건이라도 사서 남기자 하며 들어오는 족족 다 써버리곤 했습니다. 반면 동생은 같은 사건을 겪었지만 지나치게 철저히 절약하고 계획하는 성향을 보였습니다. 그래서 결국 그 뿌리에 갖고 있는 신념을 찾아 치료해 주기 전에는 같은 돈 문제를 계속 반복할 수밖에 없는 악순환을 반복하게 됩니다.

영적 수련을 하든 몸을 단련하든 돈에 대해 배우든 모양은 다르지만 닿고자 하는 곳은 같습니다. 우리가 매사 불행하고 돈이 없고 아픈 것이 바깥의 원인 때문이라 생각하지만, 알고 보면 자꾸만 요행을 바라고 허황된 욕심을 부리고 공짜를 좋아하고 결정적인 순간에 잘못된 선택을 하는 우리 자신의 탓입니다. 그러므로 이 사실을 깨닫고 우리의 각양각색의 성향들을 저 무의식에서 찾아 고쳐나가 어떤 상황에서도 자신을 행복하게 하고, 영적으로 풍요롭고, 물질도 저절로 채워지는 방향으로 가기 위함이죠.

그러니 진심으로 더 이상 돈으로 고통받고 싶지 않다면 지금 당장 이 작업을 시작해야 합니다. 내 돈 사상체질 안에 숨겨진 것들을 찾는 일을 말입니다.

잡초가 돼라

한때 머리가 까딱까딱하면서 아래에 '오늘도 무사히'라고 적힌 인형을 차에 달고 다니는 것이 유행이었습니다. 은총씨도 삶에 하도 이런 일 저런 일이 많다 보니 별일 없이 무사히 지나가는 하루가 너무 평화롭게 느껴지기도 합니다.

한 친구가 그러더군요. 자기 자식들은 그냥 힘든 일 없이 왕자처럼 공주처럼만 살았으면 좋겠다고요. 그런데 어디 우리네 삶이 그렇던가요?

운전을 하고 나가면 내가 아무리 조심하고 잘해도 어떤 때는 어디서 튀어나온 차가 나를 들이받기도 하는 것처럼 아무리 반듯하게 잘 산다고 해도 삐딱하고 뾰족한 누군가가 부딪쳐 상처를 내기도 하는 게 인생입니다. 동그라미들만 모여 사는 세상이 아니고 뾰족이, 네모, 오각형 등 다양한 사람이 모여 사는 데다 특히 요즈음은 옛날과 달리 온 세계를 다니며 색깔까지 다양하게 섞이니 그럴 수밖에요.

　우리 각자의 인생들은 참 소중해서 다들 더 잘 먹고 잘살려고 아등바등 난리들인데, 전체로 보면 잘난척하는 너나 나나, 아등바등하는 너나 나나 그래봤자 시한부인 하찮은 인생들이기도 합니다. 생각해 보면 잠깐 소풍 같은 짧은 인생인데 가끔은 너무 빠져들어서 심각해지기도 합니다.

　온실 속 화초 같았던 은총씨도 온실 속에 가만있기만 했는데 온실 비닐이 다 찢기고 식겁을 하다 보니 너무 심각하게 정신적으로 피폐해져서 그냥 빨리 죽어야겠구나 한 적이 었었습니다. 우울증이 너무 심했던 어느 날 수면제를 몇 알 집어먹고 한밤중에 병원에 실려 갔는데, 하얀 병원 침상 위에 앙상한 채로 누워있다가 문득 그런 생각이 들었습니다.

　'어차피 원치 않아도 때가 되어서 하늘의 그분이 부르시면 가야 하는데, 내가 뭐 이리 심각하게 그러지? 죽으려고 했으니 남은 인생은 어차피 덤이잖아. 그러니 그냥 대충 한번 살아보자. 잡초처럼⋯ 잡초처럼⋯. 내 인생이라고 뭐 그리 특별할까⋯.'

　그날로 몸에 흙탕물만 좀 묻어도 심각하게 죽는다고 괴로워하던 나를 내려놓을 수 있었던 것 같습니다. 잡초로, 이름 모를 풀로 대충 살아버리자고 마음먹은 다음 인생이 얼마나 가벼워졌는지는 말로는 표현할 수 없을 겁니다.

그리고 무사하길, 아프지 않길, 힘든 일은 피해 가길 기도하던 내 두 손은 그분을 닮은 더 강한 사람으로 이름 모르게 왔다가 이름 모르게 돌아가는 잡초처럼 세상의 파도를 이겨내는 존재를 넘어 즐길 수 있게 해달라 소망하는 두 손으로 바뀌어 갔습니다.

인생의 축소판인 투자시장에서도 우리는 늘 이런 바람을 가져야 합니다. 나만은 배우지 않아도 잘 벌길, 무슨 일이 있어도 내 포트만은 무사하길, 오르는 빨간 장만 있길 바라는 대신 이 시장에서 내가 배울 수 있는 모든 걸 다 배워서 더 강하고 더 멋진 투자자로 거듭나기를 바라야 합니다.

투자시장에서 돈을 버는 일은 인생을 배워 나가는 한 부분이기도 해서 은총씨처럼 돈을 벌다가 성숙해져서 좀 더 나은 인간이 되는 경우도 많이 있습니다. 세상이 생각보다 만만치 않다는 걸 깨닫게 되면서 자신의 교만함이 부끄러워지기도 하고, 혼자만 특별하다고 느꼈던 사람이 '사람의 속성이 다 그렇구나' 하며 스스로 낮아지기도 합니다. 돈에 집착하면서 떠나보낸 사랑하는 이의 마음을 문득 헤아리게 되기도 하고, 돈을 벌자고 뛰어들었다가 물질보다 더 소중한, 잊고 있었던 것들을 찾기도 합니다.

물론 결국엔 돈으로 얻으려고 하는 것들이 우리에게 이미 있었다는 걸 깨달을 수도 있지만, 그런 한가지 깨달음을 얻을 수 있다는 것만으로도 투자시장에서 하는 경험은 충분히 가치가 있습니다. 그리고 그런 깨달음 부자가 되어가는 과정에서 돈도 채워지는 신기한 경험도 해볼 수 있습니다.

인생에서 다듬어지면 화려한 꽃이나 열매가 되는 줄 알았는데, 인생이란 '아무도 불러주지 않아도 때가 되면 하찮은 꽃을 피우고 지우는 이름 모를 길가의 잡초처럼 씩씩하게 살아가는 법'을 배우는 거였습니다.

투자시장에서도 어느 순간 실패든 뭐든 아랑곳하지 않고 두려움 없이 마음껏 누빌 줄 아는 잡초 같은 배짱을 가지는 게 우리의 가장 중요한 목표입니다.

PART 3

돈을
따라오게 하는
방법은
따로 있다

시장은 나를
비춰주는 거울이다

왜 자꾸 돈을 잃기만 하는지 스스로 이해가 안 가나요?

과거에 모든 일이 참 안 풀리던 시기에 자꾸 돈이 새 나가기만 하고, 나를 괴롭게 하는 사람들이 꼬이고, 아프고, 삶이 난장판인 겁니다. 가끔 괜찮아 보인다는 사람을 만나도, 돈이 될 것 같은 일을 만나도 결국은 뭔가가 꼬여버려 제대로 되는 일이 없었죠. 나름대로 많이 참고 성실하고 착하게 산다고 생각하면서 살았는데, 그런 나에게 가혹한 삶이 펼쳐지다니 그 서운함과 분노가 이루 말할 수 없었답니다.

그런데 그땐 아무리 밤잠을 못 이루면서 생각에 생각을 거듭해 봐도 이해가 안 갔던 일이 지금 돌아보니 보입니다. 내 수준이 그것밖에 안 되었으니 그런 상황들에서 배워야 했고 해내야 할 숙제들이 너무도 많았던 겁니다.

가끔 친구가 이상하다며 욕을 하고 다니는 사람들이 있습니다. 친구란 딱 자신의 수준이나 자기 삶의 주파수에 맞는 이들이 함께 모이는 거라서 자신을 설명해 주는 무리입니다. 또한 함께 사는 사람이 고달프게 하고 괴롭게 한다면 그 또한 자신이 불러들인 거랍니다.

투자시장의 성적은 우리의 물질적인 과목 중 하나에서의 성적입니다. 학창시절 가끔 부모님께 혼나기 싫어 성적표를 칼로 긁어 점수를 조작하는 친구가 있긴 했지만, 재정 상태의 성적, 관계의 성적, 삶의 성적은 어떤 부분에서 연결되어 있는 각기 다른 과목으로 자신의 지금 수준을 거울처럼 보여줍니다. 우주는 그에 따라 배워야 할 과제들을 한 치의 오차도 없이 정확하게 던져줍니다.

지금 현실이 너무너무 힘들다면 이것들을 벗어날 수 있는 방법은 단 하나밖에 없습니다. 가장 낮은 자세로 납작 엎드려 귀와 눈과 마음을 열고 자신이 이 수준에서 할 수 있는 숙제부터 하나하나 해나가는 것뿐입니다.

과거를 떠올리면서 가끔 얼굴이 화끈거리도록 부끄러워질 때가 있습니다. 그때 그 수준으로 누구를 가르치려 했던 것, 내가 뭘 좀 안다고 생각하며 교만하게 행동했던 것 같은 것들입니다. 그래도 지금은 그때보다 나아져 다행이다 싶은 건 적어도 내가 아직은 배워야 할 게 너무 많다는 것을 마음 깊이 알게 되었다는 사실입니다.

이제는 매일 아침 시장을 대할 때 가장 낮은 자세로 시작하도록 기도할 수 있으니 투자 성적도 그때보다 나아진 거라 생각됩니다.

더 이상 자신의 성적표를 외면하지 마세요.

파월 탓, 중국 탓, 금리 탓, 나라 경제 탓이 아닙니다.

아직 그 어떤 장에서도 어엿하게 참여해 수익을 올릴 수준이 못 되어서라는 걸 인정하고 나면 스스로 낮아져 저절로 귀와 눈과 마음이 열립니다.

갑이 되어야 돈을 번다

매번 쓰레기 같은 남자를 만나 고생하는 한 친구가 있습니다. 누가 봐도 진짜 아니고 그녀 스스로도 아니라고 인정하지만, 그녀는 매번 그래도 그가 살짝 기가 죽거나 반성의 기미가 보이면 희망의 끈을 놓지 못하고 다시 끌려가 잘 길들여진 강아지처럼 굴었습니다. 그러다 결국 몸도 마음도 만신창이가 된 후에야 겨우 그를 놓을 수 있었습니다.

헤어진 후에 잠시 정신을 차렸을 때 왜 그랬냐고 물어보면 그동안 그에게 들인 노력이 아깝고 그때는 마치 그가 아니면 더 나은 남자는 만날 수 없을 거란 생각에 놓을 수가 없었다는 겁니다. 하지만 다신 남자라면 꼴도 보기 싫다고 하다가도 얼마 안 가 또 어느 이상한 남자를 옆에 끼고 돌아다닙니다.

차트를 보다 보면 하락 사이클을 거듭하는 종목이라고 해서 양봉이 없지는 않아서 가끔 양봉을 보여주면서 물을 타라고 유혹을 합니다. 이때 심약한 투자자일수록 그동안 들어간 돈이 아까워 물을 타고 결국 만신창이로 난감해진 후에야 돈을 잃고 결국 주식이라면 이를 갈고 그쪽 방향은 쳐다보기도 싫어하게 됩니다. 하지만 습성을 버리지 못하고 얼마 안 가 다시 이상한 종목이나 눈먼 돈을 쫓아다닙니다.

사람 간의 관계, 특히 남녀관계에서는 반드시 보이지 않는 갑을관계가 존재합니다. 특히 여자가 을이 되어 나쁜 남자를 끊지 못하고 질질 끌려다니게 되면 몸도 마음도 어느 순간 만신창이가 됩니다. 남녀관계의 고수인 여자들을 보면 처음부터 이런 나쁜 남자의 기질을 걸러낼 뿐 아니라 세상에 남자는 천지니 꼭 네가 아니어도 된다는 사고방식을 갖고 있습니다. 설사 마음과 시간, 돈을 들였다고 하더라도 '그동안 즐거웠고 경험으로 배웠으니 고맙다' 하며 툭 놓을 줄 압니다. 설사 손해가 있더라도 이 정도에서 멈추지 않으면 더 큰 손해가 있을 수 있고, 썩은 동아줄을 잡고 마음졸일 시간에 차라리 스스로를 다독이고 가꾸어 더 좋은 상대를 찾는 선택을 할 줄 아는 겁니다.

은총씨도 처음 투자를 시작했을 때 한 번 손을 잡은 종목들은 너무 아니라는 걸 알면서도 미련이 남아 놓을 줄을 모르다가 더 큰 손실을 보곤 했습니다. 주식의 고수인 한 친구가 종목이 천지니, 하루라도 빨리 정리하고 얼른 만회해 줄 더 괜찮은 애에게 투자하라고 하는데도 도무지 그 말을 알아먹지 못했답니다.

우리는 투자를 하면서 내 돈이 내 의지와는 관계없이 자꾸 이리저리 끌려다니고 있지는 않은지를 알아야 합니다. 관계에서든 투자에서든 갑이 되지 못하고 을이 되어버리는 건, 그 안에 내가 집착하고 놓지 못하는 어떤 욕심이든 미련이든 무언가가 있기 때문입니다. 상대에게 바라는 것이 없는 사람이 갑이 되기 때문에 내가 놓지 못하는 무언가 아쉬운 것이 있다면 스스로 비굴해지고 노예가 될 수밖에 없는 겁니다.

그러니 이제 너 없으면, 이 돈이 없으면 '난 큰일 난다' '가난해진다' 같은 생각 따위는 버리고, 따든 잃든 모두 배움으로 승화시킬 테니 더 크게 돌아올 거라는 당당함으로 관계에, 세상에, 투자시장에 뛰어드세요.

'갈 테면 가라 더 크게 돌아오게 할 테니' 하는 통 큰 갑의 마음으로 말입니다.

종잣돈의 의미

왜 종잣돈을 모아야 하고 모은 다음엔 어떻게 해야 할까요?

돈이나 성공에 관심이 있는 사람이라면 밑바닥에서 돈을 모은 많은 사람들이 먼저 종잣돈을 모으는 것이 중요하다고 입을 모아 말하는 걸 들어보았을 겁니다. 보통 1억을 먼저 모아 보라고 하는데, 그럼 1억을 모은 다음엔 어디에 투자해서 어떤 방법으로 불릴지 어떻게 아느냐고 물어봅니다. 이런 질문을 하는 사람들은 대부분 한 번도 종잣돈을 모아보지 않은 사람들입니다.

사실 그 1억 원이라는 돈이 의미하는 건 단지 1억이라는 숫자가 아닙니다. 아무것도 없는 데서 그만한 뭉칫돈을 쥐기까지 갖가지 고민을 하고 스스로의 생활을 통제하고 절제하고 인내하는 법을 배웠으며, 돈을 어디서 어떻게 굴려야 더 빨리 불어나는지 하는 갖가지 자신만의 노하우를 쌓게 됩니다. 그 안에 얼마나 하고 싶은 것들이 많았을 것이고 얼마나 많은 충동을 다루었을 것이며 중요한 것, 꼭 필요한 것, 꼭 해야 할 것들을 생각하고 고민하는 시간들이 있었을지 경험해 보지 못한 사람은 알지 못합니다.

자산가인 한 선배는 자신이 이겨내 온 크고 작은 고비들에 대한 이야기를 들려주며 혼자 방에서 벽에다 머리를 찧으며 고민했던 시간들이 한두 번이 아니라고 했습니다. 그의 이야기를 들으며 이런 시간들을 얼마나 많이 마주 대하고 용기있게 독대해 성장을 이루어낼 수 있는가가 돈그릇을 결정해 주는구나 생각했습니다.

인생을 바로잡기 위해 청소를 하고 이불을 정리하며 작은 성취감을 쌓아나가라는 말이 있습니다. 이처럼 종잣돈을 모으는 시간은 작은 돈을 다루며 스스로 돈의 주인이 되고, 자신을 통제할 힘이 있다는 걸 알아가고, 그런 작은 성취감·자신감을 쌓아가는 시간입니다.

이 시간을 잘 견뎌낸다면 나와 부자는 거리가 멀다는 내면의 소리도 한마디로 제압할 수 있게 됩니다. 부자가 되기 힘들다는 잠재의식의 소리를 '이만큼 해왔는데 당연히 더 할 수 있다'는 증거를 들이대며 입 다물게 할 수 있죠.

그래서 종잣돈 1억은 이후의 백억보다, 천억보다 귀중한, 돈 이상의 의미가 있습니다. 그리고 이 기간 동안에 배워야 할 것들을 충실히 배웠다면 당연히 다음 스텝은 무엇을 해야 할지 스스로 알게 될 겁니다.

고통자금

"투자에서 얻은 돈은
고통으로 얻은 돈, 고통자금이다."

_ 고레카와 긴조

　고레카와 긴조는 일본판 투자의 신입니다. 또한 내가 투자를 계속하는 데 있어 힘이 되어준 스승 중 한 사람이기도 합니다. 물론 만나본 적은 없지만요.

　경제학을 전공해 본 적도, 돈을 버는 데 아무 관심도 없었던 내가 경제에 처음 관심을 두고 투자를 시작하던 때 처음으로 투자의 세계에도 엄청난 고수들이 많다는 걸 알게 되었습니다.

　처음 운동을 시작하던 때처럼 나 같은 사람이 이렇게 늦은 나이에 해봤자 되겠나 하는 생각과 매일 싸우던 때 그의 책을

HAPPY × (MONEY + POWER)

만났습니다. 그 또한 투자원시인이었던 은총씨처럼 초등학교 밖에 졸업하지 못한 사람이었고 두 번의 큰 파산을 거쳤다고 했습니다. 하지만 매일 성실하고 진지하게 투자에 임하고 배우며 자신만의 방식을 만들어갔고 대가의 반열에까지 오르게 되었죠.

나는 내 '고통근육'에 대해 자주 이야기합니다. 운동능력이 일반인보다 훨씬 떨어지던 운동 둔재였던 내가 남과 비교하지 않고 단지 어제보다 조금 나은 내가 되어가고 있는 스스로를 자랑스러워하며 비가 오나 눈이 오나 눈물을 줄줄 흘리면서까지 아침에 운동을 하러 가며 만든 내 몸의 근육을 부르는 말입니다.

근육이 만들어지는 과정도 마치 투자에서와 같이 수행이었습니다. 이 과정에서 가장 힘든 걸림돌도 마찬가지로 '나 같은 애가 한다고 될까' 하는, 매 순간 떠오르는 자신에 대한 의심들이었지만 시간이 흐르고 나는 근육질의 운동하는 여자가 되었습니다.

지금 내 나이가 반백이지만 지금은 과거의 나보다 훨씬 더 건강하고 활력있는 몸을 넘어서 여전히 더 나은 고수가 되어보기 위한 목표를 향해 가고 있습니다.

고레카와 긴조는 투자에서 얻은 돈에 '고통자금'이라는 이름을 붙여주었습니다. 그의 높은 경지를 아직은 얕은 나의 경지로 짐작할 순 없겠지만, 성공한 날도 실패한 날도 혹은 모든 걸 잃은 날도 술잔 앞에 앉는 대신 자신의 행운이나 오답 앞에 앉아 스스로를 바라보는 걸 멈추지 않고 투자라는 수행을 몇십 년 동안 이어왔기에 붙여진 성실한 돈의 이름이라 생각됩니다.

그의 이야기는 누군가에게 주워들은 투자종목에 불안한 큰 자금을 맡겨놓고 하루하루 오르락내리락하는 시세 앞에 앉아 전전긍긍하는 우리를 부끄럽게 합니다.

과거에 운동도 하지 않던 시절 오래 꾸준히 운동해 몸매를 가꾼 친구를 보고 엄청난 질투심을 느낀 적이 있습니다. 그건 현재 그녀의 모습과 나를 비교해 느낀 열등감이었습니다. 하지만 그 아름다운 몸매 뒤에 감춰진 숨은 노력과 시간, 그 과정들을 볼 수 있게 되니 감히 질투할 수도 없다는 걸 알게 되어 그녀의 숨은 고통을 존중할 수 있게 되었습니다.

그러니 누가 큰돈을 벌었다는 거에 열등감이나 질투심을 느낀다면 그 뒤에 감춰진 그의 고통근육을 들여다보세요.

그 시간을 마음 깊이 존경할 수 있어야 자신도 그런 시간에

HAPPY × (MONEY + POWER)

발을 들이고 견딜 수 있는 힘이 생깁니다. 그리고 어느 순간 견디는 걸 넘어서서 즐길 수 있게 될 때 지금의 모든 문제들도 함께 넘어서게 될 겁니다.

어디에 투자해야 하는가(1)

어디에 투자해야 빨리 돈을 벌 수 있을지 궁금한가요? 그러면 오늘 진짜 어디에 어떻게 투자해야 하는지 알게 될 겁니다.

경제 블로그를 쓰다 보니 어딜 가나 어디에 투자해야 하는지 질문을 많이 받는데, 사실 내가 가장 많은 시간을 쏟고 있는 건 다른 곳에 있습니다.

그 첫 번째가 건강이고, 그다음이 책을 보는 일입니다. 워낙 타고난 건강이 약하다 보니 투자를 처음 시작하던 당시에도 비가 오거나 날이라도 궂으면 드러누워 일어날 힘이 없는 날이 태반이었습니다. 그때 내가 한 일은 그저 뭔가를 해야 하는데, 남들은 달려가고 있을 텐데, 혼자만 아무것도 못 하고 있는 것 같아 무기력한 자신을 원망하는 조급한 마음을 달래고 '내 건강은 좋아지고 있는 중이다' '잘 쉬고 스스로 회복되길 기다리는 것도 투자다' 하며 스스로를 아끼는 일이었습니다.

빨리 돈을 벌고 싶어 피곤함에 지친 몸의 시그널을 무시하고 이리 뛰고 저리 뛰고 해봤자 애써 번 돈을 병원에 갖다줘야 하는 현실에 부딪힙니다.

영화 〈곡성〉에 보면 "뭣이 중헌디!"라는 말이 나오죠. 가끔 몸과 마음의 사이클을 무시하고 빨리 돈을 따라가고 싶을 때 은총씨는 늘 이 말을 한번 떠올립니다.

사실 투자를 어디에 해야 하는가 하는 문제에는 답이 없습니다. 각자의 에너지가 다르고, 감당할 수 있는 역량이 다르고, 담을 수 있는 그릇이 다르고, 자산 상태나 돈에 대한 가치관이 모두 다르기에 결국 자신을 더 많이 알고 있는 사람이 자신에게 딱 맞는 투자를 하고, 관리하고, 이어나갈 수 있으며 어떤 형태의 투자든 돈도 더 잘 벌고, 지키기도 더 잘합니다. 책은 여러 상황에 대입해 가며 스스로를 돌아보면서 자신의 역량을 깨닫게 해주고 새로운 시각으로 모든것들을 바라보게 해주어 자신의 그릇을 키워갈 수 있게 해주는 가장 가성비 좋은 수단입니다. 은총씨가 가장 많이 읽는 책이 심리에 관한 책인데 투자에 가장 수익이 커졌던 시점도 이 부분을 이해하면서부터였습니다.

한때 아버지의 사업으로 생고생을 한 뒤 동생은 아예 사업이나 위험성이 높은 투자에 관심도 없지만 올케와 함께 월급을 절약해 올바른 곳에 모아 불리고 그 돈으로 부동산을 사고하면서 나름대로 풍요를 누리고 있습니다. 몇천억의 큰 부자는 아니라도 이젠 하고 싶은 것, 가고 싶은 곳, 사고 싶은 걸 구애받지 않으니 경제적 자유를 누리는 거죠.

누구나 주식을 사고 금을 사고 비트코인에 투자해야 하는 건 아닙니다. 만약 빨리 불리고 싶고 빨리 따라가야 한다는 조급한 생각이 들어 무리해서 돈을 끌어 모아 어딘가 마음이 불편한 곳에 투자하고 불안해하고 있다면, 잠깐 멈춰서 무엇을 위해 돈을 갖고 싶은지를 생각해 보세요. 자신과 사랑하는 이의 행복을 위해서라면 오히려 자신을 망치는 그런 욕심들을 내려놓아야 합니다.

남들이 말도 안 되는 거라고 하든 말든 무엇이든 바라고 욕망해도 되지만 욕심을 부려서 괴로워지면 안 됩니다. 그저 바라는 사람은 그 일이 금방 안 되더라도 '아직 내 그릇이 그만큼 안 되는구나 다시 해봐야지' 하며 넘어져도 가볍게 툴툴 털고 일어나지만, 욕심을 부리는 건 다릅니다. 욕심을 부리면 자신의 지금 역량 이상의 것이 지금 당장 안 된다고 스스로를 괴롭히고 하늘을 원망하는 거라서 좋을 게 없습니다.

만약 빨리 뭔가를 이루고 싶어 자주 욕심을 내서 스스로를 괴롭히는 짓을 하고 있다면 은총씨처럼 이렇게 외쳐보세요.

"뭣이 중헌디!!!"

말만 하지 말고
제발 그냥 시작해라

"이봐, 해봤어?"

故 정주영 회장이 자주 하던 말입니다.

사람들은 보통 해보기 전에 미리 될까 안될까를 복잡하게 생각하고 계산하다 포기하는 경우가 많습니다.

은총씨에게 주식을 오래 같이하는 친구가 하나 있습니다. 그 친구가 투자를 훨씬 먼저 시작했고 투자생태나 경제를 보는 눈이나 차트를 읽는 것도 훨씬 낫지만, 수익률은 은총씨를 따라오지 못하는 거에 대해 둘이 자주 얘기를 합니다.

어떤 분야가 뜨고 어떤 종목이 뜬다 하면 '지켜보자' 하는 그 친구와는 달리 성질 급한 은총씨는 일단 10주, 100주라고 사놓고 관찰을 시작합니다. 물론 성급해서 손해를 본 경우도 몇 번 있지만 빠른 행동력이 경험으로 쌓여 노련해지면 큰 수익으로 돌아오는 건 시간문제입니다. 나를 성급하다고 말리던, 실행하지 않은 친구는 '아… 알고 있었는데. 그때 살걸!' 하는 얘기를 아직 자주 하고 있답니다.

무엇이든 해보기 전에는 내가 잘할 수 있을지 없을지 알 수가 없습니다. 하기 전에 아무리 가능성을 따져보아도 머리만 복잡하지 답이 나오지 않고요. 그러니 일단 저질러 놓고 영 아니면 그만하면 됩니다.

뭐든 훌륭하게 잘해 내고 싶어 다들 욕심을 내지만 훌륭해지려면 일단 시작을 해야 합니다. 그리고 수많은 연습을 통해 조금씩 더 훌륭해져 가는 겁니다. 설사 중간에 그만두게 되더라도 그것이 내 성공근육으로 쌓이고, 스스로의 한계를 알아가고, 뛰어넘고, 한 단계 성장할 수 있게 됩니다.

그러니 오늘 그 시작을 해보세요.

무엇이든 망설이던 그걸 말입니다.

그리고 시작이라는 출발점 앞에서 망설여지고 확신이 흔들리고 두려워질 때는 자신에게 이렇게 말해 주세요.

"해봤어?"

복잡한 투자는
답이 아니다

"경제라는 것은 가르칠 수 없는 것으로써
스스로 체험하고 살아남아야 하는 것이다."

– 앙드레 코스톨라니

많은 사람들이 투자라고 하면 전문가의 영역이라 생각합니다. 그도 그럴 것이 주변에 주식투자를 해본 사람이라면 모두 비관론자가 되어 투자하면 다 잃는다고 새로이 투자하려는 사람들을 뜯어말립니다.

은총씨가 투자를 시작할 때도 주변 친구들이 모두 네가 무슨 투자냐며 웃기지 말라는 얼굴을 했답니다. 하지만 나는 스스로가 대단한 전문가가 아니라는 걸 알기에 작은 것, 내가 할 수 있는 것들을 찾아다녔습니다.

복잡한 차트나 재무제표에 나오는 복잡한 상식들 대신 매

HAPPY × (MONEY + POWER)

일 아침 환율, 지수, 관심종목들의 차트 모양, 관련 뉴스들에 관심을 두는 것부터 시작했고, 종잣돈을 불리기 위해 0.1%라도 이자를 많이 준다면 어떤 적금·예금이든지 찾아다녔습니다.

그것들이 익숙해지기 시작할 즈음 환율로 지수로 금리가 오르면 오르는 대로 내리면 내리는 대로 조금씩 돈이 불어나기 시작했습니다. 거의 자동 시스템처럼 금리가 오르면 이자로 돈을 벌어 싼 주식을 매입하고 환율이 싸면 달러를 사서 쟁여 놓았다가 해외주식이 내리면 사고 하는 식으로 굴려 가면서 눈사람을 만들 때 눈을 굴려 크게 만드는 것처럼 돈나무도 잘 키워내게 되었죠.

지금도 간단한 차트나 재무제표를 필요한 만큼은 볼 수 있지만 복잡하고 전문적인 수준까지는 못 봅니다. 그래도 이렇게 쉽게 나의 자산은 자동으로 이곳에서 저곳으로 안전하게 옮겨지면서 불어나고 있습니다.

은총씨는 뭘 사고파는 걸 너무 좋아해서 사고 싶고 팔고 싶어 단타도 가끔 즐기지만, 천성이 베짱이인 놀기 좋아하는 성격이라 주로 이 쉬운 사이클 투자를 돌려놓고 하고 싶은 것들을 합니다.

투자를 시작했지만 실패했거나 너무 안 풀리고 있다면 분명 이럴 겁니다. 너무 복잡하게 하고 있거나, 눈앞의 이익만을 좇아 아는 사람의 말이나 전문가에 의지해 고점에 물려있거나, 빨리 벌고자 하는 욕심에 빚을 내고 신용을 쓰다가 폭락하거나 이자가 올라 힘들어하는 거요.

자산을 지키고 투자에 성공하려면 장기적으로 늘 좋은 쪽을 보는 시각으로 인내를 갖고 자신의 모든 돈은 스스로 다 책임질 거라는 굳은 의지를 갖춰야 합니다. 그리고 남의 방식이 아니라 자신의 방식, 자신의 그릇을 끊임없이 배우고 알아가고 키우려고 해야 합니다.

성공적인 투자는 절대로 복잡한 것에 있지 않습니다. 자신의 방식, 알고 있는 그 한도 안에서도 충분히 자신만이 할 수 있는 방법을 찾을 수 있습니다. 시작하고 포기하지만 않는다면 더 나은 방법으로 개선해 나가며 지키고 키워갈 수 있습니다.

그러니 걱정 말고 스스로를 믿어보세요. 분명 은총씨 말이 사실이라는 또 다른 증거가 될 겁니다.

HAPPY × (MONEY + POWER)

좋은 종목을 알아도
수익을 못 올리는 이유

친구들이 한 번씩 종목을 추천해 달라고 하는 경우가 있습니다. 지금은 아예 그런 일을 하지 않지만, 초기에 투자에서 좀 수익을 올리기 시작할 때 간혹 내가 투자하고 있는 종목을 이야기해 주면 똑같은 종목에 투자하곤 내가 괜찮은 수익을 올린 종목에서 큰 손실을 봤다며 원망을 듣곤 했죠.

사실 좋은 종목 나쁜 종목이 따로 없습니다. 단기로 투자하냐 장기로 투자하냐에 따라 다르고, 얼마의 자산으로 어떻게 움직일 거냐에 따라 언제 팔고 언제 사고를 유연하게 할 수 있어야 합니다. 가끔은 좋은 종목이라고 생각했던 게 사실은 빛 좋은 개살구였다는 걸 알게 되기도 하고, 포기하려고 했던 애가 생각지도 못한 호재가 터져 뜻밖에 큰 수익을 안겨주기도 합니다.

시황과 투자자들의 심리에 따라 살아움직이는 것이 시장이고 하루하루 다른 이슈 이벤트가 터집니다. 차트기법이나 기술적 지표를 달달 외워 그대로 해보아도 제대로 되지 않고, 시장을 손에 꿰고 있다는 전문가들의 의견을 믿고 포트폴리오를 따라 해도 제대로 되지 않았던 이유가 그래서입니다.

과거 연애가 참 마음대로 안 돼서 연애 관련 책들을 많이 봤는데 도무지 맞지 않아 화가 났던 기억이 납니다. 아무리 좋은 기술, 그럴듯한 정보를 알아도 한번 사귀어 보고 온갖 감정들을 경험하며 아파보고 슬퍼본 경험이 없이는 모두 무용지물입니다.

하지만 다른 이의 경험을 듣고 참고로 해서 벤치마킹해 보는 것도 중요합니다. 열 번 돌아가야 하는 길을 세 번, 네 번 만에 빨리 깨닫게 도와주기도 하니까요.

작은 투자 실패의 경험을 쌓아나가야 조금씩 스스로 자산을 지킬 방법을 깨닫게 되고 수익도 쌓아나갈 수 있게 됩니다. 장이 올라가든 내려가든 횡보하든 나름대로 공부한 걸 바탕으로 사고팔고 해보다 보면 서서히 알게 됩니다. 마치 쇼핑을 계속하면서 자신에게 맞는 옷을 고르는 안목이 생기고 그 정도 품질의 옷이면 그 가격이 합당한지 비싼지 싼지를 깨닫게 되는 때처럼 어느 순간 언제 살 때고 팔 때인지 감이 오는 시기를 맞게 되는 겁니다.

보통은 그때까지를 참지 못하고 포기해 버리거나 종목추천방에서 사라면 사고 팔라면 팔다가 추천방 만든 사람에게 사기를 당하고 큰 손실을 보는 낭패를 당하게 됩니다. 왜 그런 곳을 찾느냐고 하면 시간이 없고 모르고 그 정도의 사람이면 믿을 수 있을 것 같아서라고 합니다. 진짜 돈을 벌고 싶다면 내 돈을 소중히 여겨야 하는데 모르는 사람에게 돈을 맡긴다는 건 그 사람이 연예인이건 증권사 누구건 말이 안 됩니다.

특히 내가 돈이 어떻게 굴려지는지 내막을 알지 못하는 상태에서는 마치 귀금속을 집에 두고 모르는 사람에게 맡겨두고 집을 나가는 것과 같습니다.

내 자산을 불리고 최소한 지키려면 내 건 내가 지키려는 책임감을 먼저 가져야 합니다. 내 돈이 어디로 어떻게 움직여 어떻게 굴러가고 있다는 걸 훤히 안 후에는 오히려 믿을 만한 전문가를 가리고 선택하는 안목도 생기기 때문에 맡겨도 됩니다. 그때는 돈을 맡겨도 내 돈이 어떻게 움직일지 훤히 알기에 불안감도 없어집니다. 그럴 때 돈이 더 잘 불어나게 되는 거죠.

그러니 먼저 작은 수익을 욕심내지 말고 자신만의 배움과 경험으로 스스로의 투자 안목을 키우세요. 그러면 그땐 그렇게 원하던 수익도 덤으로 얻을 수 있을 겁니다.

어디에 투자해야 하는가(2)

많은 사람들이 투자해서 돈을 잃었는데 어찌 복구해야 하는지 물어봅니다. 특히 요즈음은 변화가 너무나 빠른 시기이고, 투자시장도 난이도가 녹록지 않아 많은 분들이 힘들어하는 것 같습니다.

요즘 들어서 특히 1:1 메시지나 메일이 자주 오는데, 먼저 돈이 얼마 들어오고 얼마 나가고 어디에 나가고 어떤 방식으로 굴리고 있는지 말씀해 보라고 하면 들어오는 돈은 대부분 아는데 나머지는 잘 모르는 경우가 많습니다. 조금 더 자세히 알고 싶어 질문을 드리면 대부분 돈 되는 종목이나 알려주지 뭘 꼬치꼬치 캐물어 하는 느낌이거나 답장이 없어집니다.

여러분도 어디에 투자해야 돈이 될지가 제일 궁금할 겁니다. 경제 유튜브 대부분의 섬네일이 종목추천으로 넘쳐나는 이유도 그래서입니다. 은총씨의 지인들도 대뜸 어디에 투자해야 하냐고 자주 묻곤 하지만, 이 질문에 책임 없이 함부로 대답할 수는 없습니다. 그 사람의 성향, 재정 상태, 투자의 목적에 따라 투자해야 하는 곳이 달라지기 때문입니다.

일반적으로 보통의 월급을 받는 사람이 큰 목돈을 장기투자로 벌 수 있는 곳에 넣어놔도 갑자기 돈이 필요한 급한 상황이 생기거나 하면 오히려 손해를 감수하고 팔아야 하는 상황이 생깁니다. 실컷 안 먹고 안 쓰고 모아 뒷골 여시한테 톡 털리는 거죠.

그래서 보통의 월급을 받아 생활해야 하는 사람들이 제일 먼저 해야 하는 투자는, 만일의 경우 내 뒷배가 될 수 있는 돈을 모으는 겁니다. 이 돈은 혹시 실직을 하거나 다치거나 병이 나거나 하는 누구에게나 올 수 있는 만일의 상황에 대비할 자금입니다. 대략 6개월에서 1년 치 월급 정도면 됩니다.

모으는 동안에 실비보험 등 꼭 필요한 보험을 넣어두면 '그래도 혹시나 하는 일에 대비할 수 있다'는 든든한 마음이 들 겁니다. 보험이 이자가 안 붙어서 손해라는 사람도 있지만 은총씨는 생각이 다릅니다. 내 마음에 평화를 주는 마음 비용은 돈으로 환산할 수 없는 겁니다. 적은 돈을 큰돈으로 불리려면 매달 저축할 수 있는 돈을 정해서 따로 파킹통장처럼 이자를 조금이라도 주는 통장을 개설해서 넣어두고, 매달 적금을 하나 씩 개설해서 찾는 대로 예금에 묶어두는 식으로 하면 됩니다.

그 돈을 모았다면 만일의 경우 써야 할 비상자금이기 때문 에 3~5개로 나누어 3개월, 6개월, 1년, 2년 예금에 나누어 넣 어두고 계속해서 풍차를 돌리면 됩니다. 또 예금은 큰돈을 한 꺼번에 넣는 것보다 기간을 나누어서 넣으면 세금을 절약할 수 있습니다.

요새는 토스뱅크에 든든한 회사의 채권을 기간별로 사는 것도 있는데, 비교적 안전하고 대체로 이자도 3개월에 한 번씩 지급되니 제법 쏠쏠합니다. 하지만 이 돈으로는 코인이나 주 식, 펀드 등 위험자산을 사면 안 됩니다. 이 돈은 말 그대로 비 상자금이라서 언제든 빼서 써도 손해가 없어야 합니다.

이 돈을 모으는 동안 투자를 연습하려면 요즈음 국내주식, 해외주식에 1,000원부터 소액투자할 수 있는 상품을 이용해 서 종목을 고르고 주식을 사고파는 연습을 할 수 있습니다. 적 은 돈으로 연습한다 생각하고 시작하면 사는 것도 파는 것도 부담 없어서 은총씨 생각에 투자 연습에 이보다 더 좋은 툴은 없는 것 같습니다. 은총씨는 이제 제법 큰 돈을 움직여서 자주 사고팔 일이 없지만 하도 사고파는 걸 좋아해서 이 시스템을 지금도 매일 이용하고 있고 생각보다 제법 수익도 좋습니다.

또 한 달에 커피 두세 잔쯤 먹을 돈으로 코인을 살 수 있습니다. 코인도 사봐야 관심도 더 생겨서 더 알고 싶고 좋은 정보도 눈과 귀에 쏙쏙 들어옵니다. 갑자기 오른다고 하는 말에 부화뇌동해서 비상금까지 쓸어 넣거나 빌리거나 하지 않아야 한다는 것만 명심하세요.

한 몇십만 원이나 몇백만 원 정도는 없다 생각할 수 있다면 그림에 투자할 수도 있습니다. 그림은 진짜 부자만 사는 거 아니냐 하실 수도 있지만, 은총씨는 앤디 워홀이나 쿠사마 야요이, 백남준 같은 화가들을 좋아해 그들의 그림을 조각으로 소유하고 있습니다. 아트투게더에서 몇십만 원, 몇백만 원어치도 살 수 있을 뿐만 아니라 그림이 요리조리 팔리면서 예수금이 배당금처럼 쌓이기도 해 장기투자로 해볼 만합니다. 은총씨는 요걸 하다가 서울옥션 주식을 매수해서 또 제법 큰 수익을 올리기도 했답니다.

사실 돈만 있으면 투자해서 돈 벌 수 있는 곳은 얼마든지 있습니다. 다만 그 돈의 목적과 투자기간, 액수, 투자자의 성향에 따라 적합한 곳에 투자해야 가장 가성비 높은 투자를 할 수 있습니다.

그러니 이제 종목추천방은 그만 기웃거리고 먼저 뭉칫돈을 모으세요. 적은 돈으로 10배 수입을 올려봤자 하룻밤 술값이나 여행 한 번이면 끝입니다. 이젠 평생 투자로 내 돈을 제대로 굴려서 하룻밤 한 번이 아니라 평생 플렉스할 궁리를 해보세요.

투자시장의 온도계

'울면 안 돼 / 울면 안 돼 / 산타할아버지는 우는 아이에게 / 선물을 안 주신대' 하는 노래가 있습니다.

크리스마스 지난 지가 언젠데 선물 타령이냐고요?

은총씨는 이 노래를 들을 때마다 '슬프고 눈물이 나면 울어야지 왜 선물을 안 주지?' '슬퍼도 안 울고 억지로 웃으면 가식인데, 이놈의 괴짜 할배 가식을 좋아하나!' '순수하게 울고 싶으면 우는 아이에게 선물을 줘야지, 선물 안 주려고 핑계 대나?' 이런 은총씨다운 생각들을 하곤 했답니다.

이 노래를 만든 이는 마음이라는 걸 잘 몰랐던 옛날 부모였겠다 하는 생각이 듭니다. 웃음, 울음, 화남⋯ 그런 것들은 우리 마음의 온도계를 우리가 잘 감지할 수 있을 때 표현될 수 있는 것들입니다. 하지만 대부분의 사람들은 이 마음 온도계가 살짝 고장 나 있거나 제대로 들여다본 적이 없습니다. 그래서 슬

플 때 눈치를 보느라 헤헤거리기도 하고, 웃어야 할 때 무표정하기도 하며, 은총씨처럼 화를 내야 할 때 울어버리기도 합니다. 어떤 이는 자기 마음의 온도조차 모르고 무조건 바깥에다 투사해 남 탓을 하고 변명을 해대며 화를 표출하기도 합니다.

우리는 멋진 곳을 가고, 맛있는 걸 먹고, 좋은 곳에 가고, 좋은 물건을 가지고 누군가가 짠 하고 나타나 나만을 돌보고 사랑해 주면 행복할 거라 여깁니다. 하지만 사실 '찐' 행복은 자신의 이 마음 온도계를 정확히 읽을 수 있는 데서 옵니다.

자신이 뭘 느끼고 원하는지 정확히 안다면 어디에서 누구와 무엇을 하든 온 마음을 다해 웃어야 할 때 마음껏 웃고, 울고 싶을 때 눈물을 흘리고, 싫은 건 싫다고 하고, 진짜 먹고 싶을 때 먹고 싶은 걸 먹고 싶은 만큼 먹고, 진정 필요한 걸 행복한 마음으로 사며, 사랑한다면 두려움 없이 표현하고, 떠나고 싶을 때도 마주 보며 서로의 안녕을 빌어줄 수 있을 테고, 모든 순간 모든 걸 후회 없이 즐길 수 있을 테니 말입니다.

투자의 지표에도 이와 비슷한 온도계가 있습니다. 살 때와 팔 때 은총씨가 반드시 체크하는 보조지표인 'MACD오실레이터'라는 지표입니다. 아주 간단한 지표라 초보 투자자들은 간과하기 쉽습니다. 봄·여름·가을·겨울처럼 투자의 계절을 알려 줘서 다른 지표를 다 체크한 후에 마지막으로 돈을 넣어도 될까를 알려주는 중요한 지표입니다. 다른 중요한 지표들의 동의를 받았어도 이 지표의 승낙을 받지 못하면 잘못된 시기에 돈을 넣어 고생하는 경우가 있습니다.

사실 좋은 종목을 알아도 돈으로 바꾸지 못하는 건 이처럼 투자시장의 온도계를 볼 줄 몰라 살 때 팔 때의 적기를 잘못 판단하기 때문입니다.

다행히 투자시장의 온도계를 읽는 건 마음 온도계를 읽는 것보다는 조금 쉽습니다. 아직 투자시장 온도계를 읽는 데 익숙하지 않은 사람들을 위해 여러 가지 다양한 방식으로 읽는 걸 도와주는 ADX$^{\text{Average Directional Movement Indicato}}$, DMI$^{\text{Directional Movement Index}}$, CO$^{\text{chaikin's Oscillator}}$ 등의 보조지표들이 많이 있거든요.

투자시장의 최고수들은 볼륨캔들차트만 보고도 한 번에 다 읽는다지만 우리는 아직 그만한 수준이 안되니 이 보조지표들의 도움을 적절히 받을 수 있습니다.

사람들이 관계에서 힘들어하는 이유는 자신의 감정에 매몰되어 상대방의 감정을 보지 못하기 때문인데, 이런 사람들은 자신의 감정 온도계도 제대로 읽을 줄 모릅니다. 하지만 자꾸 들여다보고 헤아리려고 애쓰다 보면 내 마음이 보이고 동시에 희미하게나마 상대방의 감정이 보이기 시작합니다.

투자에서도 돈을 벌기 위해서는 오를 종목을 동냥하러 다닐 시간에 차트, 보조차트를 보면서 그 안에 녹아있는 마음들을 읽으려는 연습을 하는 습관이 필요합니다.

어려운 세계경제 흐름은
왜 알아야 할까

우리나라 시장도 잘 모르겠는데 왜 미국금리를 알아야 하고, 미국 대통령선거를 알아야 하고, 미국 엘런 장관이 시진핑 만난 게 뭐 중요하며, 대만 총통 이름을 왜 알아야 하는지 잘 이해가 안 갈 수도 있습니다. 은총씨의 밴드 페이지에서도 은총씨가 제일 공을 많이 들이지만 생각보다 인기가 없는 게 매주 수요일 업로드하는 '한 주간 경제흐름'입니다.

오늘날은 세계가 다 연결되어 있고 특히 수출로 먹고사는 우리나라 경제는 미국과 중국의 영향을 많이 받기 때문에 이런 흐름을 아는 게 중요합니다. 미국금리에 비해 우리나라 금리가 너무 낮아지면 달러 자금이 이탈되어 안전한 미국으로 가게 되고, 미국 대통령의 정책에 따라 우리 반도체나 이차전지, 자동차 등 미국으로 수출하는 것들이 영향을 받아 우리 시장에 영향을 줍니다. 달러가 오르면 대형주에서 외국인 자금이 빠져나가기도 하고 미-중 전쟁에서 힘의 균형이 어디로 쏠리느냐에 따라 어느 쪽으로 돈이 나가고 들어올지가 결정됩니다.

옛날 할아버지가 약국을 하셨는데 한때 피부병을 잘 치료하는 물약을 개발해서 엄청나게 돈을 벌었습니다. 그 돈을 장롱 안에 쌓아두었는데 화폐개혁이 되어버린 거죠. 할머니와 아빠는 너무 아깝다며 자주 얘기하셨지만, 아빠도 열심히만 사시다 경제의 큰 흐름을 놓쳐 IMF 시기에 안 될 사업에 돈을 자꾸 끌어넣다가 큰 실패를 하셨답니다.

그래서 은총씨는 이 큰 경제의 흐름에 올라타서 가는 게 얼마나 중요한지 알고 있습니다. 물론 여러분의 고충을 이해도 하는 것이, 이 큰 경제의 흐름을 익히고 내 것으로 만드는 일이 제일 번거롭고 어렵고 시간이 걸렸던 게 맞습니다. 하지만 수익 또한 제일 많이 가져다준 너무나도 중요한 기본 중의 기본이라는 걸 이해했으면 합니다.

이 큰 흐름을 익히면 알파라이징(뜨는) 종목을 하이에나처럼 구걸하고 다니지 않아도 됩니다. 큰 흐름에서 어떤 섹터가 어느 정도의 기간 동안 유망하다 하면 그쪽 섹터의 종목들을 추려서 기업을 살펴보면 됩니다.

꼼꼼히 살펴보는 데 취미가 없다면 저 아래 듣도 보도 못한 애 대신 그냥 기관이나 외국인들이 많이 사는 대장주를 몇 주 사서 뉴스도 검색해 보고 재무제표도 보고 하면서 얼마 동안 관찰을 해보세요.

그리고 다음 중요한 건 차트인데 차트는 그 안에 사람들의 심리를 반영하고 있어 중요합니다. 사람들이 참 이성적일 것 같지만 생각보다 감정에 따라 움직이기 때문에 자꾸 그 봉 안에 있는 감정들을 읽어내려고 해야 합니다.

이 세 가지만 잘 볼 수 있으면 더 이상 시장에서 돈을 잃을 일은 없다고 장담할 수 있습니다.

물론 무엇보다도 가장 중요한 핵심은 세상의 흐름과 돈의 흐름을 알고 거기에 올라타는 일입니다. 물론 그걸로 바로 돈으로 연결된다고 할 수는 없지만 가장 기본이 되는 체력이라고 생각하면 될 겁니다. 거기에 기업을 보는 안목과 차트 속의 심리를 읽는 기술이란 삼박자를 갖춘다면 더는 투자시장에서 후보선수가 아닙니다.

투자자의 생각법

돈이 되는 생각이 따로 있을까요?

인생에서 행복한 생각만을 선택하는 걸 연습해야 하는 것처럼 투자에서 돈을 벌기 위해서는 돈이 되는 생각들을 의식적으로 선택하는 습관을 들여야 합니다.

은총씨도 투자를 하기 전에는 전쟁이 났다든가 전염병이 돈다든가 하면 가여워하거나 무서워하는 마음에서 생각이 머물렀습니다. 물론 지금도 기본적으로는 안타까운 마음이 있지만 '그러면 누가 이득을 볼까' '어떤 원자재가, 어떤 분야의 산업이 좋아지거나 나빠질까' '돈은 어디로 가야 할까' 이런 걸 자동적으로 생각하게 되었습니다.

기본적으로 투자시장에 발을 담그고 있다면 이 연습을 하는 것이 필수적입니다. 장에 담그고 있는 종목이 갑자기 오르거나 내릴 때도 제일 먼저 해야 하는 일이 무슨 이벤트가 있나 검색해 보고 이득 보는 이를 찾는 숨바꼭질입니다.

그래서 기본적으로 계속 돈이 들어올 수 있는 이슈라면 이때다 하고 다 팔아버리지 말고 일부분만 팔아서 기분만 즐기고 더 기다릴 줄 알아야 합니다. 그리고 일회성이라 판단되면 좀 많이 팔아두고 다시 살 기회를 기다려 보기도 하고, 계속 갈 산업이라면 언제 어떤 이벤트로 물 들어오고 나갈지에 대해 좀 더 예민한 센서를 작동시키려고 해야 합니다.

2023년에는 이차전지가 주도주가 돼서 날아다녔습니다. 그래서 이차전지 관련주를 안 갖고 있는 사람들은 포모증후군 (자신만 뒤처지거나 소외되어 있는 것 같은 두려움을 가지는 증상)에 사로잡혀 소외감을 못 이겨 막차에 올라탔고 수두룩한 사람들이 아직도 거기에 물려 속상해하고 있습니다. 한동안 전기차, 전기차 난리를 부리다가 최근에는 또 테슬라가 폭락을 하고 캐즘(혁신적인 신제품이 초창기의 급격한 성장을 끝내고 정체기에 들어서는 현상)이니 뭐니 하면서 전기차시대가 오지 않을 듯이 엄살을 떨어대며, 이젠 모든 곳에 AI라고 또 난립니다.

시장이란 이토록 변화무쌍한 곳이라 설사 하나의 큰 흐름에 올라타 돈을 좀 벌고 빠져나왔다고 해도 끊임없이 이 물결을 타고 있지 않으면 그다음엔 어디에 어떻게 돈을 넣어야 할지 몰라 젖동냥하듯 이곳저곳 종목동냥을 하러 다녀야 합니다.

은총씨가 초보투자자일 때도 일차원적인 생각에서 벗어나지 못해 사람들이 몰리는 곳을 기웃거리다 몇 번 된통 물리고 나서야 조금 달리 생각해 보기 시작했고, 각각의 이벤트에 대한 시장 반응을 좀 더 깊이 지켜보게 되었습니다.

만약 시장이 급락했니 급등했니 하며 호들갑을 떠는 게 보이고, 흘러갈 방향이 대략 예측되고, 어떤 전문가가 확신에 차서 그 종목을 추천할 때 '이젠 팔아야겠구나' 한다면 이미 초보투자자의 단계를 넘어선 겁니다.

하지만 이때가 또 더 위험한 이유가 있습니다. 초보운전자는 자신이 못하는 걸 알고 매사에 조심하기 때문에 큰 사고는 모면할 수 있지만, 운전에 조금 익숙해지면 자신이 잘한다는 착각에 빠져 운전대를 잡다가 큰 사고를 만날 수가 있습니다.

노련한 운전자가 자신만 잘하는 걸로 사고를 면할 수 없다는 걸 아는 것처럼 노련한 투자자는 큰 흐름을 보되 끊임없이 크고 작은 하나의 이벤트 이면에 숨겨져 있는 것들을 읽으려고 노력하면서 동시에 자신의 생각이 올바른 방향으로 향하고 있는지도 계속 의심하고 검증해야 합니다.

늘 열려있으면서 내가 꼭 옳은 게 아닐 수도 있다는 걸 인지해야 합니다.

사람은 자신이 보고 싶고 듣고 싶고 믿고 싶은 것만 믿고 싶은 방식대로 받아들이는 강한 속성이 있다는 걸 알아야 합니다.

투자자로 거듭나기 위해 우리는 흐르는 강물을 거꾸로 거슬러 올라가는 연어가 되어야 합니다.

진짜 투자시장을 움직이는 것
- "현혹되지 마소"

여러분은 가장 계산적이고 논리적일 것 같은 투자시장이 사실은 가장 감정적이고 비이성적인 사람들의 심리에 따라 움직인다는 사실을 알고 있나요?

나름대로 시장을 좀 읽는다는 투자자들도 자신이 여러 가지 관점에서 가장 논리적이라고 생각하는 논제를 세우고 또 그렇게 논리적이고 정확한 자료를 가지고 나와 우리를 설득하는 전문가들을 신뢰해서 투자를 해보지만 자주 이익으로 연결되지 않고 결국 운이 안 따라 그런 걸로 결론지어 버리곤 합니다.

사람들이 인생이나 투자에서 실패를 거듭하는 두 가지 생각이 있습니다. 하나는 투자시장이 나한테만은 우호적일 거라는 내로남불 같은 착각이고, 다른 하나는 투자시장에는 나와 다른 논리적인 사람들이 논리적인 결정을 할 거라는 착각입니다.

투자시장에서 나름대로 오래 머물면서 관찰을 해보면 이런 생각과는 달리 투자시장은 우리 인간 세상처럼 어느 곳보다 사람들의 감정들이 그대로 묻어나는 곳이라는 걸 알 수 있습니다. 그래서 은총씨는 가끔 '나라면 어떻게 할까'를 생각해보고는 그 반대로 해봤을 때 괜찮은 성과를 얻곤 했습니다.

최근 물가가 오르는 게 화두여서 모두가 물가가 오르면 연준이 금리를 올려야 되고 시장엔 악재만 가득할 거라는 믿음이 만연했습니다. 물론 대부분의 사람들이 그렇게 믿으니 금리가 오를 때마다 돈들이 시장에서 빠져나오기도 했죠. 하지만 물가가 오르면 라면, 과일뿐만 아니라 주식이나 부동산 같은 자산가격도 결국 오르기 때문에 조금 긴 시각으로 볼 줄 아는 사람이라면 이런 시기에 겁을 내서 위험자산을 다 팔아버리거나 하지는 않을 겁니다.

시장에는 이런 잘못된 믿음도 있지만 이런 대중의 심리를 이용해 돈의 흐름을 끌어들이려는 세력들도 많습니다. 이들은 논리적인 설명에 그걸 뒷받침하는 자료까지 곁들여 곳곳에서 우리를 현혹합니다. 논리가 맞고 자료가 정확할수록 더 위험할 수 있습니다. 왜냐하면 시장은 그걸로만 움직이는 게 아니기 때문이죠. 그래서 그들의 의견은 늘 틀리지만 논리가 뒷받침되고 있어서 우리는 계속해서 꼬임을 당합니다.

 옛말에 결혼하면 벙어리 삼 년 귀머거리 삼 년을 하라는 말이 있습니다. 우리가 어울려 사는 인간 세상에서도 우리가 원하는 성공이나 멋진 관계 같은 걸 갖고 싶다면 우선 입을 다물고 가장 낮은 곳에서 그것들을 갖기 위해, 필요한 것들을 흡수해야 합니다. 투자시장에서도 마찬가지로 자신이 뭘 좀 알고 있다는 착각을 내려놓고 시장참여자가 된 이상 투자자가 되려면 입을 닫고 귀를 열고 이곳이 어떻게 돌아가는 곳인지 적어도 삼 년은 관찰을 해보아야 합니다.
 그런 시간이 지나면서 어느 날은 서서히 자신이 해야 할 것, 하지 말아야 할 것, 들어야 할 말, 걸러야 할 말 같은 것들이 구분되고, 가진 걸 지키고 그 애들이 다른 애들을 불러오도록 만들 힘이 생겨납니다.

노후 준비는
어떻게 해야 하나요?

노후 준비라고 하면 제일 먼저 어떤 생각이 떠오르나요? 돈, 건강, 친구⋯ 나는 이 세 가지가 떠오릅니다.

아마 대부분의 사람들이 다 비슷할 겁니다. 하지만 구체적으로 얼마나 있어야 하고, 어떻게 살아야 할지 설명할 수 있는 사람은 드뭅니다. 아마 지금 사는 것도 복잡한데 생각하면 골치가 아파지니 거기까지 생각할 여유가 없어서일지 모릅니다.

하지만 이렇게 긴 시각으로 자신의 인생을 보고 계획을 세우는 건 지금의 힘든 상황을 헤쳐 나가는 데도 하나의 열쇠가 되기 때문에 중요합니다.

돌아온 싱글이 된 한 친구가 얼마 전 부자 남친을 만나 사귀게 되었습니다. 그가 적어도 몇백억은 가진 부자라 돌싱인 친구들은 그녀를 부러워하기도 했는데, 어느 날 그런 그와 헤어졌다는 얘기를 들었습니다. 그런데 그 이유가 참 공감이 갔습니다.

"그가 아무리 돈이 많다고 해도 자기 거가 아니기 때문에 그가 가진 돈은 자기 집 식칼보다도 못한 거다. 이제 반백이 돼서 크게 사고 싶은 것도 없고, 하루 세 끼 먹고 살 만큼 벌면서 편안하게 살고 싶은데 너무 보수적인 그와 안 맞는데 굳이 비위를 맞춰가며 사귈 이유가 없다."

사실 나이가 들어가다 보니 멋 부리는 거에는 둘째가라면 서러워했던 은총씨도 럭셔리 같은 거에는 관심이 없어집니다. 밥 세 끼 먹을 수 있고, 나를 위해 누군가를 위해 세상에 작게 기여하는 할 일이 있고, 마음 맞는 사람과 때때로 마주 앉아 담소를 나눌 수 있고, 내 발로 가고 싶은 곳에 갈 수 있으니 그냥 그대로 다 채워진 느낌이 듭니다. 여행을 좋아하긴 하지만 더 나이가 들면 에너지가 달려서 못 갈 테고 친구들이 하나하나 내 곁을 떠나 저 위로 가면 혼자 가만히 사람 지나가고 차 지나가는 것만 봐도 행복한 사람이 되는 연습을 하면 됩니다.

모두들 노후 준비를 해야 한다며 돈이 있어야 한다고 하지만 막상 어떤 모습의 할머니 할아버지로 살지는 아무도 생각하지 않습니다. 그게 몇억을 모으는 것보다 백배 천배 만배 중요한데도 말입니다. 어떤 노인으로 산다는 계획이 없으니 노년에도 여전히 쓸데없는 고집을 부리고 탐욕을 부리다가 사기를 당하거나 잘못된 투자로 안 먹고 안 쓰며 모은 걸 다 잃고 마음까지 잃어버려 진짜 복구 불가능한 비참한 신세가 되는 겁니다.

내가 노년에 살고 싶은 모습이 소박한 행복이라면 크게 돈에 집착하며 지금 스스로를 괴롭힐 이유가 없습니다. 적당히 벌고, 버는 만큼만 쓰면서 연금이나 한두 개 넣어두고 가장 기본적인 보험을 준비하면서 마음 편하게 살면 됩니다.

은총씨는 위에 말한 것처럼 소박한 삶에 만족하지만 '아프리카에 우물 천 개는 남기고 죽는다'는 꿈이 있고, 이젠 투자를 떠난 삶은 생각할 수 없을 만큼 재미를 느껴 계속할 생각입니다. 또 요즘은 죽음에 관한 공부도 자주 하는 편인데, 삶처럼 죽음도 우리가 언젠가 마주해야 할 삶의 한 부분이기에 잘 준비하고 싶다는 생각 때문입니다.

아빠가 췌장암 말기 진단을 받으셨을 때 금방 그 사실을 받아들이시면서 우리를 불러 자신은 죽음을 이 생에 마지막 친구로 받아들이고 고통 없이 편안하게 갈 계획이니 자신을 도와달라고 하셨습니다. 그때 마음도 많이 아팠지만 아빠가 너무 멋지다고 생각했습니다. 그리고 아빠는 자신의 계획에 따라 순조롭게 이 자연의 질서에 순응하며 하늘로 돌아가셨습니다.

그 전에 죽음에 대해 공부하면서 자신의 죽음에 대해 생각할 수 있어서 감사하다고 했던 아빠의 말씀을 가끔 떠올리면서 나도 가끔 마지막 앞에 서보곤 합니다. 그러면 지금 이 삶이 더 소중하고 간절해지기도 하고, 함께하는 모든 것들이 소중해지고 내게 주어질 그 마지막 순간도 더없이 소중하게 맞이해야겠다는 생각이 듭니다. 그래서 은총씨도 가족들에게 선언했습니다. 마지막 순간 CPR을 해서 다시 살려 호스 같은 걸로 연명치료하게 하지 말 것, 할 수 있다면 장기는 모두 기증할 것 같은 선언 말입니다.

그러니 오늘은 '노후에 돈이 있어야 할 텐데…' 이런 추상적인 불안감 담긴 걱정 대신 '나는 어떤 노인으로 늙고 싶다' 하는 진짜 노후 계획을 세워보세요.

이 작업을 하고 나면 아마도 노후를 생각하면서 들었던 막연한 불안감이 모두 사라질 겁니다.

지금 있는 바로
그 자리에서 열매 맺어라

언젠가 유튜브에 한 투자자가 나와 인플레이션 때문에 예금 같은 것만 하고 투자를 안 한다면 바보 같은 짓이라고 몇 번을 강조해서 얘기하는 걸 들었습니다. 예금이자가 너무 낮아 물가를 따라갈 수 없다는 거죠.

같은 투자자이긴 하지만 저는 생각이 조금 다릅니다. 내 생각엔 사람은 자신이 이 세상에 출발한 그 출발점의 레벨에 따라서 먼저 해결해야 할 분야가 있고, 그 단계를 완성했을 때 그 다음 단계에서 해야 할 일을 자신이 스스로 알 수 있게 되어 있는 것 같습니다.

투자시장에 발을 들였는데 뭔가가 내 마음대로 너무 안 된다고 느낀다면 가만히 질문을 해보십시오. 혹시 누군가가 해보라고 해서, 아니면 누군가가 하니까 뒤처질까 봐 시작한 게 아닌지 말입니다. 아니면 내 삶이 아무것도 정리된 느낌이 아닌데 엉망진창인 채로 새로운 돈이라는 공부를 또 내 삶에 들여놓은 걸 수도 있습니다.

투자시장에 발을 들여놓고 엉망진창이었던 삶이 더 꼬이고 괴로워졌다면 내가 풀어야 할 매듭을 보지 않으려고 눈을 감아버리고 엉킨 실타래 위에서 또 하나의 매듭이라는 골칫거리를 더 만들고 있는지도 모릅니다. 닭이 먼저냐 달걀이 먼저냐 하는 것처럼 물론 이 돈이라는 매듭에 헌신해서 거기서부터 시작해 다른 모든 매듭을 풀라는 것이 여러분의 소명일 수도 있습니다. 만일 그렇다면 여러분의 마음속 깊은 곳에서 이 길이 맞다는 확신이 들 것이고 다른 모든 것들을 잊어버릴 만큼 여기에 헌신할 이유나 힘이 계속해서 생겨날 겁니다.

그런데 아무래도 자꾸 힘이 빠지고 이게 아니라는 생각을 억눌러야 하고 자꾸 노력하고 열심히 해야 한다는 생각으로 억지로 하는 느낌이 든다면 그건 아직 여러분이 인생에서 그 단계의 공부를 할 수 있는 수준이 안된 겁니다. 그럴 땐 누가 뭐라고 하든 말든 지금 해야 할 것 같은, 하고 있으면 자꾸 용기가 나고 힘이 생기는 일에 헌신해 지금 그 자리에서 먼저 꽃을 피우고 열매 맺으시기를 바랍니다.

앞장에서 은총씨가 얘기한 것처럼 우리는 이제 우리 자신이 신의 모상으로 우리 삶을 스스로 창조할 수 있는 존재라는 걸 알았습니다.

한때 중국 판타지 사극에 빠져 하늘의 신들의 이야기를 주제로 다룬 드라마들을 즐겨보곤 했는데, 거기서는 하늘의 신선들이 죄를 지으면 인간으로 환생해 자신이 배워야 하는 것들을 온몸과 마음으로 겪으며 몇 생을 보내는 벌을 받습니다. 가끔 우리의 한 생이 그런 것이 아닐까 하는 생각이 들곤 합니다. 우리가 신의 모상을 한 또 다른 신이 아니라면 어떻게 각자가 자신의 소명을 찾아 의사가 되고 판사가 되고 농부가 되고 사업가가 되는 걸까 하고요.

어떤 소명을 받아 어떤 분야에 있건 그 자리에 헌신해 배워야 할 것들을 외면하면 삶은 자꾸 어려워질 수밖에 없습니다. 삶이 힘들다면 자신이 지금 있으면서 배워 열매 맺어야 할 그곳에서 지식만을 맹신해 교만해지거나 돈만을 좇다가 배움을 잃어버렸기 때문입니다.

한참 잘 나가던 테슬라 주식이 꼬꾸라지면서 전기차가 얼리어답터들의 전유물로 머무는 '캐즘'에 빠졌을 거라는 공포가 시장에 만연해졌습니다. 그런데 가만 생각해 보면 우리가 괴짜라고 하는 일론 머스크의 사업은 늘 이런 롤러코스터를 타고 여기까지 왔습니다. 스페이스X에서도 테슬라에서도 수십 번을 실패하고 우스꽝스러운 신세가 되었지만, 그러든 말든 이 괴짜 CEO는 당당하고 평온한 얼굴로 나와서 꿈을 좇는 이야기를 합니다. 그는 마음속 소명을 좇는 배움을 즐길 거라 마음먹은 고차원에 올라간 신선처럼 느껴집니다. 돈을 좇아왔다면 벌써 우울증이나 암에 걸려 죽고도 남았을 그 길을 배움을 좇아 소명이란 꿈을 좇아왔기에 그토록 열정이 넘치지 않을까요?

여러분이 어떤 일을 하든 돈을 좇거나 작은 이익을 계산하고 있다면 거기에서 아무것도 배우지 못할 것이고 그건 투자시장에서도 마찬가집니다. 그리고 이 파란만장한 투자시장에서 배움을 얻지 못한 채 남아 있는 건 발가벗은 채로 거친 바람이 부는 들판에 서 있는 것과 같습니다.

앞에서 말씀드린 것처럼 여러분 중 누군가는 아직 그런 찬 바람을 감당해 낼 준비가 전혀 안 된, 살결이 아주 여린 아기일 수도 있습니다. 만일 그렇다면 조금 자라고 더 준비가 된 다음 시작해도 늦지 않습니다.

뭐든지 때가 있다고 하지만 뭐든 내가 준비된 때가 바로 그 '때'이고 언제든 '늦은 때'란 없습니다. 봄에 피는 벚꽃이 있고

여름엔 장미, 가을에는 코스모스가 있지만 눈을 뚫고 겨울을
기다려 피는 설중매처럼 장엄하고 경이로운 꽃도 있으니까요.

그리고 그때는 내가 스스로 알 겁니다.

우리는 신의 또 다른 모습이니까요.

인맥을 돈으로 바꾸는 법

자랑하고 싶은 인맥이 있나요?

'가끔 나 누구 안다' '누가 내 건너 건너 친척이다' 하고 떠들고 다니는 사람을 봅니다. 누구나 주위에 부자이거나 말하면 알만한 누군가가 한 명씩은 있지만 그 사람을 알아서 실제로 도움이 되었나를 생각해 보면 별로 그렇지 않은 경우가 많습니다. 안다고 떠들어봤자 그런 나만 더 실없어 보이거나 별 볼 일 없는 자랑쟁이로나 보이기 십상입니다.

사실 주위의 인맥들을 돈으로 바꾸는 법은 따로 있습니다. 보통 사람들은 주위에 자수성가한 부자 친구가 있으면 비싼 밥을 얻어먹길 바라지만 나는 오히려 그들에게 밥을 사주곤 합니다. 적어도 그들이 비싼 밥 한 끼를 사면 보답으로 책이라도 한 권 보내려고 하죠.

나도 가끔 친구들을 만나 밥을 먹고 나서 돈 많으니까 네가 돈 내야지 하는 느낌을 받으면 기분이 안 좋아질 때가 있습니다. 사람들은 돈이 많으니까 내는 게 당연하다고 생각하지만, 그거야말로 가난한 이들의 마인드입니다. 그의 부에 기여한 바가 없으면 당연히 받아야 할 의무 따위는 없습니다. 오히려 그가 일구어왔던 모든 것들을 존경하고 그의 얘기를 바로 옆에서 경청해 배울 수 있는 시간을 가진 것에 감사한다면 오히려 그 배움의 시간이 결국 물질적인 풍요로 돌아올 겁니다.

하지만 사람들은 오히려 자기와 비슷했거나 못했던 친구가 잘나가는 걸 배 아파하면서 벗겨 먹으려는 심사를 이기지 못하니 그런 사람이 곁에 있어도 진짜 얻을 수 있는 좋은 걸 얻지 못하는 겁니다.

아무리 나이가 어리더라도 그가 내가 못한 성취를 이뤄내고 나보다 나은 걸 깨달았다면 그를 존경하고 배우려는 자세를 가져야 합니다. 그런 마음가짐이야말로 세상에서 가장 귀한 배움입니다.

그러니 이젠 옆에 그런 친구가 있다면 그를 존경하는 마음을 품는 것이 진정 나를 위한 것임을 스스로에게 일깨우세요. 그리고 그의 좋은 점을 배워서 함께 훌륭해지세요.

루저 안에 위너 있다

학교 다닐 때 숙제를 해놓고 맘 놓고 노는 타입이었나요? 아니면 숙제할 걱정을 하면서 놀기를 먼저 하는 타입이었나요?

대부분 숙제를 미루고 미루며 노는 중에도 마음 한편으로는 걱정을 하고, 막상 책상에 앉아도 책상 정리를 하며 숙제할 걱정을 하면서 시간이 너무 늦어 잠들어 버리곤 학교 가서 숙제를 못 했다고 벌을 받곤 했을 겁니다.

은총씨도 그런 타입이었습니다. 그런 일들이 하나하나 습관이 되어 어떤 일을 막상 시작하기도 두렵고, 시작해 놓고도 성과가 잘 안 나왔답니다. 그러면서 실패의 습관이 몸에 배고 당연히 나는 이것밖에 못 한다는 생각이 관념이 되어 무의식 속에 뿌리 깊이 박혀있었죠. 만약 뭐를 해도 못 할 거란 두려움부터 든다면 이 두려움 속에는 이런 실패의 작은 기억들이 산처럼 쌓여있는 겁니다. 또 반대로 그 말은 원래 자신이 못하는 사람이 아니라는 걸 증명해 줍니다.

그러니까 중요한 건 지금 이 순간 해야 하고 할 수 있는 가장 중요한 일을 생각해 보고 해야 할 바로 그 일을 시작하기만 하면 나는 무엇이든 잘 해내는 사람으로 거듭날 수 있다는 사실입니다. 그리고 이 사실을 깨달은 후엔 두려움이 자동적으로 떠오르면서 그 일을 피하고 싶은 습성으로 돌아가려고 할 때 자신이 또 그런 습성을 반복하고 있음을 인식할 수 있습니다. 또한 설사 잠시 피했더라도 다시 그 일로 돌아올 수 있습니다.

어떤 일에서 성과를 내는 사람은 누구나 귀찮아하는 그 일을 기꺼이 하는 사람, 시간이 있냐 될 거냐 안될 거냐를 계산하는 사람이 아니라 일단 중요한 그 일부터 하고 맘 편하게 놀기로 마음먹은 사람입니다.

많은 이룬 사람들은 '일단 될지 안 될지 계산하지 말고 터무니없든 말든 목표부터 세우라'고 합니다. 그리고 그 목표를 향해 매일 할 수 있는 일을 조금씩이라도 해나가다 보니 어느새 말도 안 된다고 했던 그 목표에 도달했다고 합니다.

그러니 지금 될까 안 될까, 할 수 있을까 못할까를 계산하며 걱정하면서 앉아 있는 바로 그 일을 하세요. 단 한 걸음, 단

한 번의 스쿼트, 단 한 줄의 글이라도 괜찮습니다.

막상 시작해 보면 생각보다 쉽고 그 일을 향한 그 작은 걸음이 얼마나 내 마음을 편하게 해주는지 알게 될 겁니다. 이렇게 작은 하나의 시도만으로 스스로 뿌듯해진 성취감을 느낄 수 있습니다. 또한 그거 해서 언제 되겠나를 생각하며 시도하지 않던 루저 같은 느낌을 쓸쓸히 삼키던 때 자신이 얼마나 어리석었던가를 깨닫고는 놀라실 겁니다.

드라마 〈스물다섯 스물하나〉에 나오는 말처럼 "그동안 실패로 쌓아 올린 여러분의 계단이 제일 높으니 이제 올라가 원하는 걸 가지세요!"

스스로를 믿고
계속할 수 있는 힘

누구나 새해가 되면 새롭게 운동을 해야겠다, 절약을 해야겠다, 뭘 배워야겠다는 결심을 하게 됩니다.

한때 짠돌이 생활로 큰돈을 모으고 짠돌이 카페까지 운영하는 분이 TV에 나온 걸 본 적이 있습니다. 그때까지만 해도 돈이 없고 인생이 힘들었을 때라 따라 해봤던 기억이 납니다. 그런데 얼마 지나지 않아 원래대로 돌아오고 그를 보았던 기억마저 어느새 기억에서 사라졌죠. 몸짱 아줌마가 붐을 일으켰을 때도 마찬가지였습니다. 많은 여자들이 영감을 받고 운동을 시작했지만, 거의 모든 사람들이 얼마 가지 않아 포기하고 자신이 그런 결심을 했다는 사실조차 까맣게 잊어버렸답니다.

모든 사람이 몸짱으로 살고 싶고 부자가 되고 싶어 하지만,

소수만이 그 좁은 문으로 들어설 수 있는 이유는 그들 누구도 진짜 자신이 해낼 수 있을 거라고 믿지 않기 때문입니다.

우리가 뭔가 새로운 결심을 하고, 계획을 세우고, 하고자 할 때 누군가의 '네가?' '웃기네' 하는 말에 화가 나고 신경이 쓰이는 이유는 스스로도 자신이 그걸 해낼 사람이라는 걸 속마음으로는 믿지 않기 때문입니다.

하지만 생각해 보십시오. 짠돌이 오빠가 부자의 반열에 오른 걸 보며 가슴이 뛰고, 몸짱 아줌마의 몸매 사진에 그렇게 열광하는 이유는 그들이 원래는 우리와 같은 사람이어서입니다. 그런데 막상 시작해 장애물을 만나고 힘들어지면 우리는 그 사실을 까맣게 잊어버리고 그들은 마치 처음부터 우리와 다른 사람이었다고, 특별한 사람이었다고 생각하고 단정 지으며 포기할 핑계를 찾습니다.

은총씨도 세미나 때 그런 말을 했습니다. 내가 할 수 있다면 아무나 할 수 있다고요. 운동 둔재에 경제라곤 까막눈이었던 이 사람이 복근을 뽐내고 투자에서 제법 괜찮은 수익을 올리고 경제에 관한 블로그를 쓰다니 은총씨를 아는 누구도 감히 상상도 못 했던 일입니다.

다만 한 가지 다른 건 나는 이런 생각을 했습니다. 그냥 오늘 한 가지 배운 것에 감사하고, 이만큼이라도 알게 된 내 자신에게 감동하고, 이생에서 최고가 못 되고 성공 못하더라도 조금은 더 멋진 사람이 되어가는 것이 신기했습니다. 그런 마음이 나를 계속할 수 있게 해주었습니다.

그러니 오늘 마음먹고 당장 잘하지 못하는 나를 다그치지 말고 그냥 발가락을 담그기만 했더라도 대견하게 생각해 보세요. 어제는 몰랐던 걸 오늘은 하고 있고, 어제는 걷지 못한 한 걸음을 오늘은 서툴게나마 걷고 있는 거니까요.

투자에서 실패는 당연한 겁니다. 처음에 수익을 올렸다면 오히려 경계해야 합니다. 숱한 고수와 타짜들이 즐비한 살벌한 투자시장에서 별 기술도 없이 운으로 성공을 했다 하더라도 그 이상 잃을 것이 당연합니다. 운이 중요하지만 그 운을 설명할 실력을 갖추지 못한다면 그 운은 계속될 수 없습니다.

그러니 오늘은 어제보다 하나만 더 알아도 '참 잘했다' '멈추지만 말자' 하며 자신을 계속할 수 있도록 격려하세요. 시작할 수 있는 용기도 있어야 하지만, 자기 자신을 믿고 격려하며 지속할 수 있는 힘을 기르는 일이 훨씬 더 중요합니다.

HAPPY × (MONEY + POWER)

레버리지

　레버리지란 '지렛대'란 뜻으로 자본대비 이익률을 배 혹은 몇 배로 높이는 것을 말합니다. 레버리지를 쓸 줄 안다면 여러분이 중요하다고 생각하는 분야에서의 성과는 몇 배로 높아질 겁니다. 그리고 부자가 된 사람들 중 이걸 깨닫지 못한 사람은 없습니다.

　과거에 나는 나름 완벽주의자이고 뭐든 남들보다는 조금 더 야무지게 하는 편이어서 다른 사람에게 아무것도 맘 편히 맡기지를 못했습니다.

　아이들에게 영어를 가르치는 일을 할 때는 어떨 땐 낮에 집 안일을 하느라 아이들이 올 시간이 되면 피곤한 몸이 되곤 했답니다. 하지만 어느 순간 제일 중요한 삶의 우선순위인 내 건강을 챙기고 돈을 버는 일을 제외하고 청소 같은 것들은 사람을 불러 맡기기로 결심한 뒤 일의 성과도 좋아지고 삶의 질도 훨씬 나아졌습니다. 훨씬 더 깨끗한 환경에서 살게 된 건 물론이고 그 시간에 더 잘 쉬어서 일에 몰입할 수 있어 돈도 더 잘 벌게 되었죠.

만약 덜 중요한 일에서 에너지를 아껴 중요한 일에 집중해 씀으로써 더 큰 효과를 창출하는 레버리지를 쓰는 법을 몰랐더라면 적은 돈을 아끼는 대신 수십 배의 돈을 손해 봤을 겁니다.

경제학자 빌프레도 파레토의 '파레토의 법칙'은 20대 80 법칙으로 더 잘 알려져 있습니다. 전 세계 80%의 부는 상위 20%가 가지고 있고, 20%의 노력에서 80%의 성과가 나오며, 고객 중 20%가 매출의 80%를 벌어다 준다는 사회 전반에서 나타나는 현상의 80%는 20%의 원인으로 인하여 발생한다는 경험법칙입니다.

그래서 뭔가 중요한 일에서 성과를 극적으로 올리고 더 나은 결과를 얻으려면 무엇 때문에 바쁘게 뛰어다니며 애쓰는지 그 내용을 살펴보고 우선순위를 먼저 정해봐야 합니다. 덜 중요하거나 내가 꼭 안 해도 되는 일은 아웃소싱해 더 잘하는 사람에게 맡기거나 없애고, 더 잘하고 내게 더 많은 이익을 창출하고 도움을 주는 일이나 사람에게 집중할 수 있도록 시간을 배분해 레버리지를 해야 합니다.

투자에서도 자본을 똑똑하게 집중해서 수익률을 배로 올리는 레버리지를 적용하는 연습을 해보면 좋습니다. 은총씨는 달러가 쌀 때 달러를 사서 미국주식을 사는 통장에 넣어났다가 주식이 싸지면 사서 주식이 오르면 두 배로 법니다. 금을 살 때 높은 수수료를 내야 하는 실물 대신 미국에 상장된 금광회사 주식을 사두어 주식 오르면 벌고, 달러 쌀 때 사서 벌고, 배당까지 따먹는 일석삼조 투자를 합니다.

또 미국 장에 투자해서 돈을 벌면 양도세 20%를 내야 하는데 한국 장에 상장된 미국투자 ETF를 사면 세금을 절약할 수도 있습니다. 달러 표시로 파는 브라질 채권도 있고, 엔화로 미국채를 사는 투자도 있고 조금만 숙고해서 찾기만 하면 많은 곳에서 이 똑똑한 레버리지를 이용할 수 있습니다.

그러니 이제부터는 삶의 곳곳에서 더 성과를 높이고 2배, 3배 결과를 낼 수 있는 이 레버리지를 모든 곳에 적용해 보세요.

거절할 수 없는 제안

유튜브에 많은 전문가들이 나와 그들이 수일, 수개월, 수년 동안 연구했던 인사이트를 알려주곤 합니다. 생각해 보면 보통 사람이라면 우리 중 누구도 자신이 땀 흘려 연구한 결과를 공짜로 누구에게 알려주고 싶진 않을 겁니다. 그런데 그들은 왜 그렇게 하는 걸까요?

출연료나 유튜브로 올리는 수입 때문이라고 생각했다면 그들이 고민하고 연구해 낸 가치에 비해 그 액수가 턱없이 못 미친다는 걸 알 수 있을 겁니다. 가끔은 자신이 가진 종목을 알려주고 주가를 올린 다음 이득을 취하는 사기꾼도 있습니다. 그러나 훌륭한 전문가라면 아무리 자신이 가진 인사이트를 한두 시간 안에 말로 풀어도 누군가 그 말을 알아듣고 작은 이득을 얻을 수 있을지는 몰라도 그 누구도 자신을 대체할 수는 없다는 걸 알고 있습니다. 또한 이득을 얻은 사람이 많으면 많을 수록 자신의 가치도 더 올라간다는 걸 알기 때문입니다.

우리는 자신만의 스타일로 최고의 곡을 연주하는 연주가, 자신만의 투자 스타일로 우뚝 선 투자자, 자신만의 브랜드로 성공한 사업가들을 볼 때 어떻게든 그들이 가르쳐주는 방법을 이용해서 조금의 이득을 취하는 데만 관심이 있습니다.

하지만 그들이 연주하는 곡, 그들의 돈이 꽉 찬 포트폴리오, 불황에도 변함없이 잘 나가는 그들의 사업 이면에는 훨씬 더 중요한 가치가 숨어있습니다. 그들은 그 수많은 시행착오를 온몸으로 겪는 과정에서 자신이 누구인지를 깨달아가며 자신이 가야 할 길, 헌신하고자 하는 일을 찾으면서 그 수많은 작은 실패와 배움으로 가장 높은 계단을 쌓아 올려왔고, 그 계단이 자신만의 스타일이라는 확신을 만들었다는 걸 스스로도 알고 있습니다. 그 하나하나의 과정이 자신을, 자신의 스타일을 아무리 흉내 내봐도 따라올 수 없는 대체 불가능한 'The Only One'으로 만들었다는 사실을 말입니다. 그래서 자신이 영화 〈대부〉에서의 대사 '거절할 수 없는 제안'이라는 걸 누구보다 잘 알고 있습니다.

하지만 여러분은 지금 시작해서 실패의 계단을 쌓아봤자

이 생에선 어차피 안 될 거 아니냐고 묻고 싶을 수도 있을 겁니다. 은총씨가 아무것도 모르는 상태에서 경제 공부를 시작하고 투자를 시작했을 당시 스스로에게 계속했던 질문이니 그 마음을 누구보다 잘 압니다.

하지만 저를 보세요. 투자에서 수익을 올리고 블로그를 키우고 책을 쓰고… 이 생에서 가능이나 할까 하던 것들을 하고 있고, 그 과정에서 나 자신에 대한 의문은 확신으로 바뀌었습니다. 또한 이런 은총씨가 할 수 있다면 누구나 할 수 있습니다. 반백의 나이가 되었지만 저는 여전히 유튜브를 새로 키우고 중국어를 하고 요가 수련을 시작했습니다.

가끔 의심이 올라올 땐 자신에게 이렇게 말해 줍니다. '이 생에서 다 못하면 다음 생애서라도 꼭 해낼 거야'라고요. 그리고 그런 마음은 나를 계속해서 앞으로 나아갈 수 있게 하고, 그 과정에서 나만이 체득한 보물 같은 실패와 성공이란 경험들이 나를 '거절할 수 없는 제안'으로 이끌어줄 것을 알고 있습니다.

경제적으로 고통받지 않는
확실한 방법

'경제적으로 풍요롭게 살고 싶은데 왜 나는 항상 돈에 쪼들릴까?' '저걸 갖고 싶은데 왜 살 돈이 없을까?' 하는 생각을 하고 있나요?

사실 극적으로 몇천억씩 재산을 가지는 건 하늘이 도와야 되는 게 맞습니다. 하지만 경제적으로 풍요롭게 사는 건 아주 간단합니다. 또 무슨 말도 안 되는 말이냐고 할 수도 있습니다.

은총씨가 한참 쇼핑중독에 빠져있을 때 샤넬도 사들이고 에르메스도 사들이고 매일 럭셔리들을 사들였지만, 더 예쁜 걸 사지 못 해 안달이었습니다. 항상 누군가 내가 못 가진 걸 갖고 있는 걸 보며 결핍감을 느끼면서 살았습니다. 그런데 지금은 그때보다 훨씬 부자가 되었지만, 그 물건들은 드레스룸의 한편을 차지하고 있을 뿐 내게 아무런 필요가 없는 물건들이 되었죠. 들고 갈 때도 없어서 가끔 친구들에게 농담으로 어디 파티가 있으면 소개 좀 해달라고 합니다.

경제적으로 고통받지 않는 삶을 사는 건 다이어트를 하는 것과 같습니다. 사람들은 살을 빼겠다면서 살 빼는 약을 먹든 식품을 먹든 자꾸 뭘 더 먹으려고 합니다. 살을 빼기 위한 방법도 간단합니다. 움직이는 것보다 덜 먹어야 하고 많이 먹으려면 많이 움직여야 합니다. 돈에 구애받지 않는 것도 이처럼 단순합니다. 버는 것보다 적게 써야 하고 쓰는 것보다 많이 벌어야 합니다. 돈 때문에 고통받는 이유는 대부분 많이 먹고 살 찌는 걸 고민하는 것과 마찬가지로 버는 것보다 많이 쓰고 청구서를 들고 고민하는 일을 하기 때문입니다.

이걸 깨닫는 일이 부로 가는 첫 번째 계단입니다. 이 사실을 깨닫지 못하고서는 아무리 돈 버는 기술을 열심히 배운다 해도 모래 위에 지은 성처럼 무용지물이 됩니다.

자신에게 잘 맞는 소비를 배우기 위해서는 먼저 진짜로 꼭 필요한 것, 중요한 것, 내 삶에 도움이 되는 것들을 구분해 내야 합니다. 이걸 구분하는 건 간단합니다. 물건을 사고 쓰지 않는 것들이 많이 쌓여있거나 물건을 가지고 들어와서 마음에 부담을 느낀다면 필요하다고 착각했던 필요치 않은 물건입니다. 비싼 거라고 해도 가지고 있어 뿌듯하고 내 일의 능률을 올리고 성장을 돕고 삶을 조금이라도 향상시켜 주어서 나도 모르게 자꾸 애정이 간다면 많이 사용하게 될 거고 내게 필요한 물건입니다. 싸다고 쟁여놓고는 집 이곳저곳에 쌓여있다면 아무리 싸게 산 물건이라도 내게 있어야 할 것들이 아닌 겁니다.

또한 경제적으로 고통받는 마음에는 만물에 대한 고마움을 모르는 마음, 물건이나 사람을 내 이익을 위해서만 이용하려는 이기심, 돈을 두려워하거나 미워하는 돈귀신들이 붙어있습니다.

부모에게 받은 돈을 함부로 쓰던 애들이 자기 손으로 돈을 벌어보면 돈 귀한 줄 알고 아낄 줄 알게 된다는 이야기를 들어보았을 겁니다. 그건 그 마음속에 자신의 노력으로 얻은 이 결실을 소중히 하는 마음이 들어왔기 때문입니다. 음식을 먹을 때도 이 음식이 내 입으로 들어올 때까지 얼마나 많은 사람들의 손을 거쳤고 그 한 톨의 쌀알 속에 농부들의 땀방울, 눈물, 희망 같은 것들이 들어있는 걸 알게 되면 맛이 있다 없다 하며 함부로 대하지 못하게 되고 소중히 여길 수밖에 없게 될 겁니다.

적은 돈을 절약해 뭉칫돈을 만들어본 사람이라면 보잘것없어 보이는 동전들의 소중함을 알 겁니다. 만원도 십만 원도 백만 원도 일억 원도 십 원, 백 원, 천 원들이 한마음으로 뭉쳐 태어난 아이들입니다. 그 사실을 깨닫게 되면 이 보잘것없어 보이는 적은 돈이 집안 여기저기 굴러다니게 하는 일도 없어 질 겁니다.

경제적으로 고통받는 것의 본질은 이런 마음들이 모여 지 어진 하나의 성 같은 겁니다. 일본 최고의 관상가였던《절제의 성공학》의 저자 미즈노 남보쿠는 가난할 운명인 사람들도 이 런 마음을 깨우치면 일생 곤궁하지 않게 살 수 있다고 했습니 다. 반대로 이런 마음을 모르는 한 사람도 돈도 행복도 결국은 지키지 못할 겁니다.

지금 바로 부자로 살기

돈이 왜 많았으면 좋겠나요?

생각해 보면 돈은 그냥 지폐일 뿐이고 10억이건 100억이건 통장에 그냥 넣어놓기 위해서 돈을 벌고 싶은 사람은 없을 겁니다. 돈으로 뭔가를 사고 싶고, 못 했던 걸 하고 싶고, 언제든 가고 싶은 곳에 가고 싶고, 하고 싶지 않은 일을 안 해도 되고, 싫은 사람의 비위를 맞출 필요가 없는 진짜 자유를 얻고 싶어 돈을 갖고 싶은 거죠.

그런데 참 희한하게도 돈이 없을 때 그렇게 사고 싶었던 물건들이 막상 아무 생각 없이 갖고 싶을 때 가질 수 있게 되면 별 필요가 없는 것이 됩니다. 그토록 가고 싶고, 하고 싶었던 것들이 내 삶에 별 의미를 주지 못한다는 걸 깨닫게 되고, 하기 싫었던 일이 즐거워지고, 비위를 맞추기 싫었던 사람이 오히려 내 삶의 성장동력이라는 것을 깨닫게 돼서 그를 미워하는 마음이 없어지곤 합니다.

이건 돈을 버는 방법을 배우고 돈 그릇이 커지는 동안 내 의식이 성장했기 때문에 일어나는 일입니다. 이 과정에서 우리는 돈으로 그토록 얻으려 했던 행복이나 사랑, 기쁨, 만족감 같은 것들이 원래는 돈이 들지 않는 것들이라는 진짜 중요하고도 귀한 진리를 알게 됩니다. 그리고 우리를 행복하게 해주는 대부분의 것들은 지금 이 순간에도 마음만 먹는다면 바로 가질 수 있다는 사실을 알게 됩니다. 그 말은 언제든 이 사실을 깨닫기만 하면 이미 부자가 된 사람으로 살 수 있다는 말입니다.

우리는 이 사실을 깨닫는 과정에서 돈이 있으면 따라오리라고 생각했던 것들 중 많은 것들이 내가 그것들을 향한 문을 열어놓기만 한다면 언제든 채워질 수 있는 거라는 걸 알게 됩니다. 그리고 그때만을 바라보면서 지금 이 순간 가질 수 있는 얼마나 많은 것들을 못 본 채 포기하고 살아가는, 어리석은 일을 하고 있다는 걸 알면 자신이 너무 바보 같아 눈물이 날 수도 있습니다.

남편이 파산해서 한동안 고생을 했던 한 친구가 이런 말을 한 적이 있습니다. 다 가졌을 때 비싼 샤넬 백을 던져주는 것보다 파산한 뒤 '미안해, 내가 빨리 다시 일어서서 당신 좋아하는 거 다 해줄게' 하는 말 한마디가 다 가진 것보다 더 많이 가진 느낌이 들었다는 겁니다. 사람은 이렇게 느낌과 감정으로 살아가는 존재이기에 지금 바로 '다 가졌다' '충분하다' 같은 행복한 느낌을 가질 수만 있다면, 사실 실제로 그 부를 가진 부자보다 오히려 더 행복하고 풍요로워질 수 있습니다.

성서에는 "늘 깨어있어라" 하는 말이 나옵니다.

우리는 아침에 일어나 거울을 보면서 얼굴이 부었는지, 몸무게가 늘었는지, 계좌에 돈이 빠져 나갔는지는 매일 체크하면서 자신의 마음이 풍요로운 생각, 행복한 생각을 향해 열려 있는지에는 귀 기울이지 않습니다.

우리가 돈이 없어서 불행하다고 느끼는 진짜 이유는 마음의 가난, 불행 쪽으로의 문을 활짝 열고 있고 행복과 풍요로움 쪽으로는 꽁꽁 닫아걸고 있기 때문입니다.

그러니 이젠 매일 아침 이 문부터 열고 그 문 안에 불행, 결핍감 같은 풀씨들이 날아와 자리를 잡았는지 점검해 잡초를 뽑고 아름다운 것들만을 가꾸는 작업을 해야 합니다.

이런 좋은 것들에 늘 깨어있으면 매 순간 가슴속이 풍요로움으로 가득 차오르고 지금 바로 부자로 살 수 있습니다.

부 포인트

신용카드 포인트는 들어봤지만 이건 대체 무슨 뜬금없는 말인가 싶죠?

과거에 한참 종잣돈을 모을 당시 어디 가서 돈을 내야 할 일이 생기면 부담이 되고 마치 그 돈이 없어지는 것 같아 아깝게 느껴져 한참 동안 속상하곤 했습니다. 그런데 돈이 조금씩 쌓여가면서 정말 좋은 사람에게 기쁘게 쓴 돈, 가여운 누군가를 위해 기꺼이 내어준 돈, 배움을 위해 사용한 돈들뿐 아니라 그 마음들이 모여 시드머니가 되어 더 큰 돈으로 돌아오는 경험을 하게 되었답니다.

그래서 지금은 돈을 써야 할 상황이 오면 아주 맘먹고 포인트를 쌓는다는 마음으로 맘껏 쓰고, 과거엔 누가 알아주지도 않고 티도 안 나 꺼리던 기부를 하거나 누군가를 돕는 일을 만나면 '아이고, 기회가 왔구나' 하면서 놓치지 않습니다.

과거에는 남들이 아는 것이 더 중요하다고 생각했는데, 내가 알고 이 우주가 아는 것이 훨씬 더 중요한 일이라는 걸 알고는 생각이 바뀌게 된 겁니다. 알고 보니 남들이 아는 건 그 순간 알아주고 인정받고 기쁜 걸로 끝나지만, 나 자신이 알고 이 우주가 아는 일은 두고두고 나에게 되돌려주고 갚아주고 보상을 해주는 시스템을 만들어주는 일이었습니다.

옛날에는 참 고귀하고 똑똑한 사람들이 돈도 안 되는 일에 스스로를 갈고닦고 남을 도우며 일생을 보내는 모습이 어떤 면에서는 바보처럼 느껴졌는데 그분들이 얼마나 지혜롭고 똑똑하게 이 생에서 이득을 제대로 챙겨가셨는지 알게 된 겁니다.

윤동주 시인의 〈서시〉 중 "죽는 날까지 하늘을 우러러 한 점 부끄럼이 없기를. 잎새에 이는 바람에도 나는 괴로워했다"라는 부분, 모두 아시죠? 과거에는 '그럼 뭐 하나, 누가 알아주나, 바보 같이 산다고 짓밟히기나 하지' 하고 생각했는데, 아직은 가야 할 길이 멀지만 그 의미를 이젠 조금 알 것 같습니다. 윤동주 시인은 바보가 아니라 제대로 이 생에서 자기 포인트를 챙겨간 천재였음을 말입니다.

우리는 잘 모르고 있지만, 내가 잘되는 길은 나에게 오는 모든 이들을 돕고 잘되게 하는 길밖에 없습니다. 만약 가까운 누군가가 망하기를 바라고 있다면 자신이 망하기를 빌고 있는 것과 같습니다. 마찬가지로 누군가의 축복을 빌어주는 일은 그 자체로도 고귀하지만, 그 아름다운 파동은 마치 한 편의 시나 노래처럼 이 우주에 전달되어 널리 널리 커지고 확장되어 내게로 돌아옵니다.

언젠가 의사인 지인이 매주 힘들게 노인들에게 무료진료를 하러 다니는 걸 보고 "그렇게 무료진료 많이 하면 돈 주고 올 사람 없겠다. 누가 알아주기나 하냐"고 했더니 그가 이렇게 대답했습니다.

"내가 알잖아. 내가 더 나은 사람이 되어가는 일이 얼마나 뿌듯하고 즐거운지 사람들은 모를 거야. 그래서 더 자신감 있게 치료할 수 있고, 그러니 환자가 더 오지 바보야. 내가 아는 게 젤 중요해!"

한때는 몰래몰래 규칙을 어기고도 걸리지 않거나 속여서 돈을 벌고도 잘만 살아가는 사람들이 얄밉고, 그렇게 살지 못하는 자신이 바보 같기도 했는데 살아갈수록 내가 그런 바보라서 참 다행이라는 생각을 합니다.

구멍 난 양말을 신으면 남들이 뭐라 하지 않아도 어디 가서 신발 벗을 일이 걱정되고 껄끄럽듯이 자신과 가장 오랜 시간을 보내고 데리고 살아야 하는 것이 바로 '자신'입니다. 만약 그런 마음을 가지고 살아왔다면 왠지 모르게 마음 깊은 곳에 꺼림직한 것이 자리 잡고 있어 마음껏 당당히 자신을 펼치지 못할 거니까요.

그러니 오늘 갑자기 돈이 나갈 일이 생기거나 마트에 갔는데 생리대 기부를 하라는 상자가 있거든 '앗싸! 부 포인트 쌓을 기회가 왔구나!' 하며 뛸 듯이 기뻐하세요.

행복과 부를 계획하라

"뭐 재미있는 일 없나?"

한 친구는 전화할 때마다 이렇게 물었습니다.

재미있고 행복한 일을 좇으려고 골프도 치고 남자도 만나고 여행도 1년이면 5번이고 6번이고 다니면서 살고 있지만 매 순간이 늘 재미없다고 하는 친구는 "니는 뭘 하는데 그리 재미나 보이노?" 합니다.

사실 누가 은총씨를 하루 종일 따라다니다 보면 너무 재미없어 한나절이면 도망가 버릴 수도 있습니다. 특별한 활동이 있는 날이 아니면 새벽에 일어나 명상을 하고, 블로그를 쓰고, 아침주식장 잠깐 보고 아침준비를 하고, 운동을 하고 와 점심을 먹고, 낮잠을 한숨 자고 일어나 커피를 한잔 마시며 장 마감을 하고, 책을 읽고 글을 씁니다. 저녁을 먹기 전에 투자 관련 공부를 좀 하고 저녁을 먹고 나면 푸바오를 좀 보다 9시면 잠이 듭니다.

제가 써 놓고도 재미라곤 없어 보이네요.

그런데 이 모든 것들 하나하나는 다 내가 너무 애정하고 사랑하는 것들입니다. 그래서 눈을 떠서 기도와 명상에 잠기고 나를 사랑해 주는 그 순간부터 블로그에서 함께해 주는 우리 소중한 부자낙천이들을 만나는 시간, 사랑하는 이를 위해 아침을 준비하는 고마운 순간, 별다방에 들러 애정하는 커피를 입맛대로 주문해 손에 드는 그 순간, 반짝이는 옷을 걸치고 사랑하는 이들과 춤을 추고 땀을 흘리는 그 장면, 나에게 매일 더 많은 부를 가져다주고 성장으로 이끌어주는 주식시장과 땀 흘린 뒤의 달콤한 낮잠, 돈을 받지 않아도 평생 하고 싶은 지혜를 나누는 글쓰기와 책, 곰돌이 덕후의 팬심을 뽐내는 그 순간까지 은총씨에게는 단 한 순간도 소중하지 않은 시간이 없기에 사실 매일 매일이 아니라 매 순간순간이 너무너무 재미있습니다. 그래서 그 생기를 친구가 느꼈을 수도 있습니다.

매일 똑같은 스케줄처럼 보이지만 은총씨는 매일 매일을 더 행복한 날, 돈이 붙는 날이 될 수 있게 아침에는 꼭 계획을 합니다. 춤출 땐 어떤 옷을 입고 어떤 퍼포먼스로 더 잘 즐길지, 어떤 재료로 어떤 맛있고 건강한 음식을 준비하고 어떤 분위기에서 즐길지, 장에는 어떤 전략으로 도전해 볼지, 어떤 영상을 볼지, 어떤 글을 읽고 써서 더 감동하고 우리 도반들을 사랑해 줄지, 어떤 공부를 할지 계획을 합니다. 그리고 이상하게도 이 계획을 한 뒤에 삶이 훨씬 더 재미있고 행복하고 풍요로워졌답니다.

다른 사람이 친구들 틈에서 사랑받고 여행을 다니고 쇼핑을 즐기는 것이 재미있어 보인다고 모두가 그 일을 즐기며 행복감을 느끼는 게 아닙니다. 은총씨도 과거엔 속이 텅 빈 강정 같은 활동들에 에너지와 돈을 쏟아붓곤 했지만, 지금은 내가 뭘 할 때 가장 평화롭고 행복한지만 생각합니다.

가끔 여행도 하지만 내가 좋아하는 온천이나 성지에 가거나 미술관 같은 곳에 가서 가만히 내가 좋아하는 그림을 보고 그 나라 그 지역의 소박한 식사를 하고 노천카페에 앉아 커피를 한잔하며 그곳의 문화와 사람 구경을 하기를 좋아하는 편입니다.

오늘 인생이 지루하고 일이 노잼이라 느껴진다면 남이 아니라 자신에게 물어보세요.

"… 야, 넌 뭐할 때 가장 행복하니?" 하고 말입니다.

그리고 바로 그 일을 가장 멋지게 재미나게 간지나게 해보세요. 아무리 하찮은 일이라도 멋지게 해낼 혼자만의 계획을 세워보세요.

돈이 많아도
부자로 살지 못하는 사람들

돈이 많아지면 부자로 살 수 있을까요?

'당연한 거 아냐? 은총씨 또 미친 소리 하네!' 이러고 있나요?

이게 참 당연한 거 같지만 당연하지 않습니다. 사람에게 똑같은 환경이나 경제적 능력이 주어져도 모든 사람이 똑같은 정도로 누리며 살아갈 수 있는 건 아니니까요.

어릴 때부터 부유한 환경에서 자란 한 친구는 개천에서 난 용하고 결혼을 했습니다. 그의 남편은 지독히 가난한 집에서 자라 너무나 힘들게 변호사가 되었습니다. 결혼 후에 나름 괜찮은 벌이로 살았지만 둘의 삶은 너무도 다르게 펼쳐졌습니다. 친구는 돈에 아쉬움 없이 살아서인지 크게 돈을 쓰지 않아도 이만하면 사는 게 풍요롭다 생각하며 행복해했는데, 똑같

HAPPY × (MONEY + POWER)

은 상황에서도 그의 남편은 항상 돈이 모자란다며 징징대고 그녀의 집에서 도와주지 않는 거에 불만을 키워가면서 차에 술에 여자에 펑펑 돈을 써대다 빚더미에 앉았습니다.

가난이 너무 싫어서 돈에 집착하기 시작했다면 그 끝은 다시 가난으로 향해 있을 가능성이 큽니다. 은총씨의 한 지인은 서울 한복판에 건물을 몇 채나 가진 자수성가한 부자인데도 항상 돈이 없어질까 불안하다고 털어놓았습니다. 그래서 한 달에 몇천씩 월세가 들어와도 여전히 박스를 줍고 병을 팔고 상하기 직전의 과일을 삽니다. 친구들을 안 만나는 것도 밥값을 내기 싫어서라고 하면서 자신이 왜 그렇게 사는지 모르겠다고 했습니다.

돈이 있다고 모두가 부자로 살 수 있는 건 아닙니다. 그래서 버는 놈 따로 있고 쓰는 놈 따로 있다고 하는 겁니다.

겁나게 부유한 지지리 궁상인 이들이 있는가 하면 부자가 되었는데도 가난할 때와 똑같이 자신이 결핍이라는 걸 광고하고 다니는 이도 있습니다. 이들은 가난할 땐 초라하고 없이 보여 그랬고 돈이 좀 생기면서 그 결핍감을 가리려고 과한 치장을 합니다. 지나치게 화려한 것도 결핍감을 지우지 못한 증거라는 걸 이들은 알지 못합니다.

이들이 이렇게 사는 이유는 결핍감으로 돈을 좇았기 때문입니다. 그 결핍감을 죽어라 벗어나기 위해 돈에 집착한 결과입니다.

진정 우리가 되고 싶은 부자는 이런 모습은 아닐 겁니다. 자신의 부를 물질적으로도 정신적으로도 충분히 누리고 그것이 넘쳐서 선한 영향력으로 흘러야 진정한 부자라 할 수 있습니다.

그러기 위해선 그 과정을 걷고 있는 지금 나는 어떤 마음으로 부자를 그리고 있는지 한 번씩 들여다봐야 합니다. 지금의 삶이 내게 기쁨인지 내 수입의 의미가 감사와 사랑인지 말입니다.

HAPPY × (MONEY + POWER)

내가 채워지면
모든 것이 저절로 채워진다

지금 나를 사랑해 주는 사람이 없어 외롭고 돈이 자꾸만 나가기만 해서 속상하다고 느낀다면 왜 그럴까요?

누구에게나 유독 이 삶이 나에게만 너무 가혹하다고 느껴질 때가 있습니다. 사실 그 이유는 세상이 내게 가혹해서가 아니라 내가 세상에 가혹해서입니다. 사랑받지 못한다고 느껴지는 건 내가 제대로 사랑하지 못하기 때문입니다.

누군가 내게 와서 자유롭게 자신을 펼칠 수 있다면 그는, 그녀는 오히려 나를 사랑하지 않기가 힘듭니다. "내 속에 내가 너무도 많아 당신의 쉴 곳 없네"라는 노래 가사가 있습니다. 내 가슴속이 온통 계산이라는 가시나무로 가득 차 있어 누군가가 가슴속에 들어올 수 없고 가까이 다가오면 상처받기에 다가올 수조차 없으므로 세상이 삭막하고 사랑받지 못하고 외롭다고 느끼는 겁니다.

　돈이 붙지 않는 이유도 사실은 돈을 갈망하면서도 내 마음 속이 온갖 계산이나 불안, 죄책감, 두려움으로 가득 차 있어 물질에너지의 결정체인 그 돈이라는 걸 담을 수 없기 때문입니다.

　그러므로 우리가 사랑받고 싶고 넘치는 풍요를 누리고 싶다면 바깥에 있는 것들을 끌어올 궁리를 하는 대신 내 가슴이 만나는 누구라도 품을 수 있는 따스한 사랑, 지금 이대로도 충분하다는 풍요를 먼저 품어야 합니다. 우리가 사랑받을 수 있는 길은 오로지 상대를 사랑하고 이롭게 하고 돕는 길밖에 없습니다. 그러기 위해선 우리 자신을 먼저 이롭게 하고 돕는 법을 배우고 알아야 합니다.

　평생 돈으로 괴롭지 않을 방법도 나에게 오는 모든 작고 큰 풍요들을 소중히 하고, 아끼고 잘 운용하며 좋은 곳에 잘 흘러가도록 하고, 넘치는 건 비울 줄도 알면서 스스로의 그릇을 조금씩 키워가는 방법뿐입니다.

　우리는 자신이 곧 우주라는 걸 알아야 합니다. 이웃을 사랑하라는 말이 진리인 이유도 내 앞에 그 이웃이, 그 상황이, 이 우주가 곧 나라는 걸 가르치기 위함입니다. 내가 채워지면 우주도 함께 채워진다는 걸 알려주기 위함입니다.

그러니 늘 내 마음속의 정원을 어떻게 가꾸고 있는지에 힘 쓰십시오. 삶이 힘들다면 내 마음속의 정원에 잡초가 무성하고 돌볼 때가 되었다는 걸 이 우주가 알려주고 있다는 걸 알아야 합니다. 그럴 때는 웨인 다이어 박사의 말처럼 진짜 '행복한 이기주의자'가 되어 오로지 자신만을 들여다보고 돌보는 데 온 힘을 기울여야 합니다.

자신이 채워지는 순간 모자라고 부족하고 괴로워했던 그 모든 것들도 이미 다 채워져 있는 기적을 경험할 수 있습니다.

변화하고 싶지만 두렵다면…

"어려워서 손을 못 대는 것이 아니라
우리가 손을 대지 않으니까 어려워지는 것이다."

_ 세네카

내가 살고 싶은 삶을 마음껏 살아가는 사람들을 보며 '아, 부럽다' 하면서도 5년 전이나 10년 전이나 작년이나 아무것도 변화를 위해 시도하지 않은 나를 보면 답답한 루저같이 느껴지나요?

그런 패배감이 들면서도 우리가 변화를 위해 발을 내딛지 못하는 건 현실이 맘에 들지 않는다면서도 그만하면 좀 불편하긴 하지만 죽지는 않을 만큼, 딱 그만큼 사는 걸 유지할 수 있기 때문입니다. 불행 속에서 가끔 햇볕 같은 소소한 행복을 찾을 수 있기 때문에 한 번도 경험해 보지 못한 세계로의 두려움의 문을 마주하는 것보다 가끔 숨 쉴 구멍을 누리면서 아무것도 안 해도 되는 이 적당한 불행에 머물러 있기를 택하는 거죠.

한 번은 팬티라인에 염증이 생긴 적이 있었는데 자꾸 거슬려서 손을 대다가 염증이 딱딱하게 자리를 잡아버렸습니다. 딱히 크게 아프지는 않고 성가신 정도라서 병원에 가기도 귀찮고 의사한테 부끄러운 부위를 보이기도 싫고 해서 놔두었는데 그 염증이 한동안 작아지지도, 없어지지도 않는 겁니다. 쳐다보면 짜증 나고 성가신데 병원 가긴 무섭고, 찢어야 하는 건가 두려운 생각도 올라오고, 몇 주를 속앓이했답니다. 그러다 어느 날 용기를 내서 병원에 갔는데 주사 한 대로 간단히 해결되는 걸 알고 황당했던 기억이 납니다.

이 귀찮고 두려운 모든 일들이 가만히 앉아 생각만 할 때는 뭔가 잘 안되면 어떡하나, 지금보다 더 나빠지면 어떡하나, 괜히 나대다가 실패라도 하면 개쪽이지 하는 생각으로 마음속의 부담만 커져서 점점 더 변화를 시도하기가 어려워집니다. 하지만 시도를 안 한다면 그 못 해본 거에 대한 아쉬움을 안고 마지막 순간을 후회로 가득 차 이 세상을 마무리해야 할 겁니다. 어차피 어떤 시도를 하더라도 처음엔 못할 거고 서툴 거고 실패를 할 겁니다. 몇 번, 몇십 번, 몇백 번 그렇게 한 후에야 '이 제 조금 알겠구나' 할 테니 처음부터 못 할 각오를 하고 욕심내 지 말고, 생각이 난 그때 딱 할 수 있는 한 가지만 하십시오.

은총씨는 작가가 되겠다는 결심을 하고 이 결심이 생각날 때마다 딱 한 단어, 어떨 땐 딱 한 줄만 글을 썼습니다. 그러다 '은총씨의 아침편지'를 쓰기 시작했고 이 습관을 지속하기 위 해 여러분에게 매주 목요일에 찾아오겠다는 선언을 했습니다. 블로그를 계속 해나가는 이유도 선한 영향력을 퍼뜨리겠다는 꿈도 있었지만, 매일 여러분을 만나기 위해 하나의 포스팅이 라도 하고 그리기 위해서 하루 한 가지라도 내 스스로 배울 수 밖에 없는 시스템을 만들기 위해서이기도 했습니다. 그러다 보니 아는 것들이 늘고 나의 글쓰기도 투자성적도 눈에 띄게 성장했답니다.

만약 어떤 식으로든 그래도 변화해야겠다고 느꼈다면 오 늘 은총씨의 이 말을 기억하세요.

불편을 참아야 가끔 누릴 수 있는 작은 행복이 아니라 매 순간 행복할 수 있습니다. 먹고살 만큼의 숨 쉴 구멍이 아니라 넘치는 풍요를 당연히 가질 수 있습니다. 하기 전에 미리 쪼잔 하게 계산하는 버릇을 고치고 그냥 매일 한 걸음을 걸을 작은 용기만 가진다면 말입니다.

그리고 매일매일 걷는 작은 한 걸음은 아무리 보잘것없어 보여도 스스로 해냈다는 기분이 들게 해서 자신을 자랑스러운 사람으로 살게 하고, 그 한 걸음에 그다음 걸음의 바이브 또한 달라질 겁니다.

뚱뚱하고 건강이 안 좋다면 날씬하고 건강을 유지할 방법을 찾고 극복한 사람들을 찾아 날씬하고 멋지게 한번 살아보십시오. 돈이 없어 괴롭다면 돈이 없는 데서 시작해 스스로 자수성가한 사람을 찾고 벤치마킹하고 돈 버는 법을 매일 배워 나가서 가끔이 아니라 매일 풍요 속에 살아보십시오.

다만 작은 한 걸음을 걸을 용기와 그들이 수년, 수십 년에 걸쳐 이룩한 일을 단번에 해내겠다는 도둑놈 심보 같은 욕심만 버리면 됩니다. 그냥 그 자리에서, 여태껏 너무 게으르게 살아서 남들보다 뒤처진 바로 그 자리에서 시작하면 됩니다.

뛰지 않아도 됩니다. 먼저 거기, 바로 그곳에서부터 시작해도 얼마든지 자신만의 페이스로 이 세상에서 멋진 나만의 궤적을 만들어갈 수 있습니다. 또한 변화를 시작할 용기를 낸다면 계속해 나갈 힘도 만들어갈 수 있습니다.

이 모든 걸 하면 모두가
큰 부자가 될 수 있나요?

이제 이 모든 걸 읽은 여러분은 궁금한 게 있을 겁니다.

'이 모든 걸 다하면 누구나 큰 재벌, 몇천억 대 부자가 될 수 있느냐'는 거죠. 사실 그건 나도 모르겠습니다.

네가 말해 놓고 뭔 개소리냐고요? 내 말을 증명하거나 책을 팔기 위해서 여러분께 거짓말을 할 수는 없으니까요. 물론 이런 방법들을 통해서 엄청난 재벌이 되었다는 사람들의 이야기를 듣기는 했지만, 나는 내가 경험한 것만큼을 말씀드릴 수밖에 없습니다.

은총씨가 어려서부터 몸이 약했다는 말을 여러 번 했죠. 지금까지 내 경험으로 봐서 아무리 운동을 하고 건강하게 잘 먹고 규칙적인 생활을 해도 완전히 강철같은 몸을 타고난 사람처럼 되지는 않았습니다. 우리가 아무리 얼굴을 고치고 화장하고 살을 빼도 김태희가 될 수는 없는 것처럼 말입니다. 다만 나라는 사람이 건강으로 누릴 수 있는 최대치를 뽑아내서 큰 고통이나 큰 병 없이 관리할 수 있고, 스스로를 더 잘 돌보고 다독거릴 줄 알아서 병이 나도 전보다 빨리 회복할 수 있는 수준이 될 수 있었습니다.

그래서 이런 방법으로 스스로를 어르고 달래고 훈육해 나가면 큰 재벌이 아니라도 적어도 돈 때문에 삶을 저당 잡히거나 불행할 일은 없을 거라는 것, 은총씨처럼 하고 싶은 것만을 선택하며 사는 행복과 부를 같이 키워 나가는 작은 행복한 부자로는 누구나 살 수 있다는 걸 경험으로 알고 있습니다.

은총씨의 꿈이 여러분의 포부나 비전에 비해 작게 느껴질 수도 있습니다. 사실 나는 특별히 돈을 물려줄 자식도 없습니다. 그런데도 투자시장에 남아 있는 이유는 그냥 그 일이 제일 재미있기 때문입니다. 그래서 먹고 쓰고 재미있게 살다 남는 건 아프리카에 우물을 파는 데 모두 쓸 생각입니다. 나무 한 그루만 있으면 그 아래 우물을 하나 팔 수 있는데 어린아이들이 적어도 깨끗한 물을 못 먹어서 죽는 일은 없었으면 좋겠다는 게 그 이유입니다. 몇천억, 몇조를 가질 수 있으면 그만큼 많은 생명을 살리는 일을 할 수 있겠지만 내 타고난 몸과 마음의 체력을 보면 아직 그 정도는 안 되는 것 같습니다.

당연히 운명을 바꿀 수 있다고 믿지만 우리 모두가 출발점이 다르기 때문에 우리가 해야 할 일은 자신이 갈 수 있는 최고의 자신을 향해 가는 일입니다. 은총씨도 아직 그 길 위에 있기에 다음 책을 낼 때는 혹시나 '나 재벌 됐소' 하며 짠 나타나 여러분께 더 큰 확신을 줄 수 있을지도 모릅니다.

하지만 지금 말씀드릴 수 있는 건 이런 모든 것들을 해보기로 마음먹는다면 적어도 인생의 밑바닥에서 경제적 자유와 행복을 누리는 작은 행복한 부자가 된 또 다른 은총씨가 될 수 있다는 거고, 그것이 여러분에게 희망의 불씨가 되었으면 하는 바람입니다. 모두에게 존경받는 최고의 별이 되지 못한다 하더라도 스스로 더 나은 내가 되어가는 과정에서 빚어진 내 그릇은 그 자체로 멋진 예술이 될 수 있습니다.

우리가 돈에 대해
진짜 알아야 할 진실

우리가 돈을 잃으면 화가 나는 진짜 이유는 뭘까요?

그 돈이 원래 내 것이었는데 잃었다는 생각 때문입니다.

생각해 보면 우리는 돈이건 사람이건 물건이건 지금 내가 누리고 있는 이 모든 것들이 내 것이고 영원히 내 것일 거라는 생각을 하고 삽니다. 하지만 진실을 알고 나면 이 생각이 얼마나 어리석은 집착이었는지 알게 될 겁니다.

우리는 원래 아무것도 안 갖고 발가벗고 태어납니다. 태어나 보니 부모님이 있고 그들이 살고 있는 집이자 내가 살 집이 생기고 옷이 생기고 먹을 것이 생깁니다. 그리고 이 모든 것들이 우리에게 거저 주어진 것들입니다. 나이를 먹어가며 '일해야 돈을 번다'는 생각을 하고, 정당한 값을 치르고 물건을 사면서 온전히 내가 얻은 내 것이라 착각을 하기도 하지만, 실은 이 모든 것들이 우리가 이 생에서 빌려 쓰는 것들입니다.

다만 부모·조부모가 지어놓은 갖가지 업에 따라, 또 내가 살아오며 선택해 온 카르마에 따라 얼마나 어떻게 빌려 쓸지 결정되기는 합니다. 그래도 아무리 황제같이 모든 걸 누려도 결국 이 생을 떠날 때는 동전 한 잎 가져가지 못하는 것을 보면 내 것이라는 말은 신기루 같은 착각일 뿐이라는 걸 알 수 있습니다.

그리고 각자가 가진 역량에 따라 물질도 채워지거나 넘치면 비워지기도 합니다. 이 사실을 깨달은 후 은총씨는 계획되지 않은 상황이나 사람 때문에 큰돈이 빠져나가게 되어도 원망하지 않게 되었습니다. 오히려 내 역량이 그만큼인 걸 알게 되어 다행이구나, 잘 가서 잘 쓰이고 친구들 데리고 꼭 돌아오라며 보낼 수 있게 되었습니다.

우리가 알아야 할 너무도 중요한 사실은 물질뿐만 아니라 지금 여기 우리가 누리고 함께하는 모든 것이 우리 것이 아니라 잠깐 빌려 쓰는 것이라는 겁니다. 그리고 그 빌린 것들을 잘 쓸 줄 아는 게 우리 역량을 결정해 줍니다. 이 사실을 항상 기억하고 있으면 사람이 떠날 때도 돈이 떠날 때도 '내가 아직은 그만큼 담을 역량이 안 됐구나' 하며 아픔의 에너지를 스스로

HAPPY × (MONEY + POWER)

의 한계를 바라보고 그릇을 키워가는 데 쓸 수 있습니다. 그렇게 할 수 있는 사람만이 다음 레벨로 나아갈 수 있다는 것이 돈에 관한 진짜 진실이고 이 우주의 법칙입니다.

이 사실을 모르고는 아무리 안 먹고 안 쓰고 모아봤자, 개미처럼 일만 죽어라고 해봤자 결국은 뒷골 여시가 살짝 빼가거나 병원에 누워 통장에 찍힌 돈을 바라보는 처지가 될 분입니다. 반대로 이 사실을 가슴 깊이 깨닫고 나면 써야 할 때 기쁘게 써도 다시 자신의 역량만큼 채워질 거라는 깊은 믿음이 생겨서 돈에 집착하지 않으면서도 얼마를 벌든 그 안에서 충분히 누리는 여유로운 사람으로 살 수 있습니다.

사실 돈은 얼마를 버는가가 중요한 게 아닙니다. 버는 사람 따로 있고 쓰는 사람 따로 있다고 하는데 조금 벌어도 그 안에서 충분히 누리는 사람이 있는가 하면 제법 많은 돈을 버는 데도 언젠가 없어질까 전전긍긍하며 사는 사람도 있기 때문입니다.

그러니 이제 돈 생각은 그만 하세요. 어떻게 하면 내 하루를 충만한 가슴으로 끝낼까만 생각하십시오. 그 생각이 습관으로 자리 잡는 순간 깜짝 놀랄 현실이 펼쳐질 테니까요.

에파타(열려라)

예수님이 여러 곳을 다니며 사람들의 몸과 마음을 치유해 주던 당시 어느 날 사람들이 귀먹고 말 더듬는 이를 예수님께 고쳐달라 청했습니다.

그때 그의 두 귀와 혀에 손을 대시며 "에파타^{Ephphatha}" 하시니 귀가 열리고 혀가 풀려 말을 하게 되었는데, 이 에파타라는 말은 '열려라'라는 뜻입니다.

앞에서 우리가 힘든 인생을 사는 이유는 무지해서라고 했듯이 성서에는 귀머거리, 벙어리들이 정말 많이 등장합니다. 또 나병환자도 많이 등장하는데 이는 자신의 안에 신성을 찾지 못하고 스스로 한계를 정해 닫아걸고 있으면서 비참한 모습이 되는 우리들의 모습을 상징하는 겁니다.

삶이 힘들다고 느낀다면 거기서 벗어나는 길은 하나밖에 없습니다. 가장 낮은 곳으로 가서 어린아이와 같이 순수한 마

HAPPY × (MONEY + POWER)

음으로 온 마음을 열고 모든 걸 새로운 눈으로 보는 겁니다.

한참 어렵고 모든 일이 마음대로 안 풀렸던 시절 은총씨는 이 고통을 끝내려면 다시 태어나든가 하늘에서 나를 구해 줄 누군가가 내려준 동아줄을 잡고 지금 딛고 있는 이곳, 이 사람들이 모든 걸 버리고 새로 시작하는 길밖에 없다고 생각했습니다.

하지만 어느 날 새벽기도를 하고 나오는 길에 나 자신이 귀가 안 들리고 눈이 먼 채로 살아왔음을 깨달았고, 같은 곳에 서 있는데 여태까지와는 전혀 다른 곳에서 새로 시작하는 느낌이 들었습니다. 모든 게 달리 보이기 시작했고 사람도 상황도 이전과는 완전히 다르게 이해되었습니다. 새롭게 다른 곳에서 시작하는 게 아니라 스스로 눈을 뜨고 귀를 열어 이곳에서 원래 있었던 수많은 경이로운 삶의 기적들을 발견하는 것임을 그때서야 알게 되었습니다.

은총씨가 항상 유튜브 영상을 끝낼 때 "마음을 활짝 열고 좋은 것만 받아들이세요"라고 하는데, 이 말 또한 '에파타'와 같은 주문입니다. 다시 태어나야 하는 저곳이 아니라 지금 괴로워 죽을 것 같은 이곳 바로 이 자리에서 우리는 새롭게 '행복해 죽을 것 같은 인생'을 시작할 수 있습니다.

에파타… 스스로 활짝 열릴 수만 있다면 말입니다.

지금 이 시대에는 예수님이 없지만 우리는 우리 안에 성령이란 신을 가지고 있으니 우리 스스로에게 이렇게 말하며 치유를 이끌어낼 수 있습니다.

"에파타… 열려라!"

행돈력

초판 1쇄 인쇄 2024년 05월 30일
초판 1쇄 발행 2024년 06월 07일
지은이 은총씨

펴낸이 김양수
책임편집 이정은
교정교열 연유나

펴낸곳 휴앤스토리

　　　　　출판등록 제2016-000014

　　　　　주소 경기도 고양시 일산서구 중앙로 1456 서현프라자 604호

　　　　　전화 031) 906-5006

　　　　　팩스 031) 906-5079

　　　　　홈페이지 www.booksam.kr

　　　　　이메일 okbook1234@naver.com

　　　　　블로그 blog.naver.com/okbook1234

　　　　　페이스북 facebook.com/booksam.kr

　　　　　인스타그램 @okbook_

ISBN　　　979-11-93857-07-6 (03320)

휴앤스토리, 맑은샘 브랜드와 함께하는 출판사입니다.